2019年文化和旅游宏观决策课题成果汇编

中国旅游研究院（文化和旅游部数据中心） 编

中国旅游出版社

责任编辑：刘志龙
责任印制：闫立中
封面设计：中文天地

图书在版编目（CIP）数据

2019年文化和旅游宏观决策课题成果汇编 / 中国旅游研究院（文化和旅游部数据中心）编. -- 北京 : 中国旅游出版社, 2020.6

ISBN 978-7-5032-6512-9

Ⅰ. ①2… Ⅱ. ①中… Ⅲ. ①文化发展－宏观决策－研究报告－中国－2019②旅游业发展－宏观决策－研究报告－中国－2019 Ⅳ. ①G12②F592.3

中国版本图书馆CIP数据核字(2020)第109116号

书　　名：2019年文化和旅游宏观决策课题成果汇编

作　　者：中国旅游研究院（文化和旅游部数据中心）编
出版发行：中国旅游出版社
（北京建国门内大街甲 9 号　邮编：100005）
http://www.cttp.net.cn　E-mail:cttp@mct.gov.cn
营销中心电话：010-57377109，010-85166536
排　　版：北京旅教文化传播有限公司
经　　销：全国各地新华书店
印　　刷：北京明恒达印务有限公司
版　　次：2020 年 6 月第 1 版　2020 年 6 月第 1 次印刷
开　　本：787 毫米 ×1092 毫米　1/16
印　　张：6.5
字　　数：103 千
定　　价：56.00 元
ISBN　978-7-5032-6512-9

编写说明

文化和旅游宏观决策课题是文化和旅游部批准由中国旅游研究院（文化和旅游部数据中心）作为执行单位开展的研究项目，旨在调动全国各方面研究力量服务文化和旅游宏观决策。

文化和旅游宏观决策课题分为重点课题和一般课题两类。2019 年课题指南包括 36 条选题，其中，重点课题选题 8 条，一般课题选题 28 条。2019 年文化和旅游宏观决策课题共 20 项课题立项，其中，重点课题 5 项，一般课题 15 项。

本成果汇编收录了2019年立项并通过结项鉴定的全部20项课题研究报告摘要。

目　录

2019 年文化和旅游宏观决策课题——重点课题

2019 年文化和旅游宏观决策课题——一般课题

2019 年文化和旅游宏观决策课题

——重点课题（共 5 项）

地方文化与旅游统计核心指标测算研究

负 责 人：李　享
依托单位：北京联合大学
起止日期：2019 年 10 月—2019 年 12 月

近年来，文化和旅游产业融合发展研究成为热点，聚焦于产业融合动因、过程、路径、业态类型、模式及测度等方面。

从文化旅游产业融合动因来看，文化旅游产业融合首先是由文化旅游产业自身特征决定的，文化与旅游产业之间存在着天然的耦合性；其次，受到文化旅游产业外在的需求变化、市场竞争加剧、技术进步、管制放松等因素影响；最后，出于文化旅游企业追求范围经济、节约交易成本、学习效应等方面的内在因素影响。三个层面的因素相互影响，共同促进了文化旅游产业的融合发展。

从文化旅游产业融合过程来看，文化和旅游是互补性产业。在稳增长、调结构、促改革、惠民生的新时代背景下，文旅融合发展能够带动文化和旅游产业转型升级，催生新兴产业，激发企业发展活力，满足人们多样化、个性化、高品质的文化消费需求。技术层面的融合是旅游与文化产业融合的基础。产品层面的融合是旅游与文化产业融合的标志。企业层面的融合是旅游与文化产业融合的载体。市场层面的融合是旅游与文化产业融合的动力。

从文化旅游产业融合路径来看，产业层面的融合涉及资源、市场、产品 / 业态、技术、空间等多个方面。文化资源和旅游资源有很大的交叉性。基于共同的内在需求和目标群体，文化和旅游将从互为市场，走向整合市场。文化观光游、文化体验游、旅游演艺、文创产品、电影旅游、依托文化资源和非物质文化遗产开发的各类旅游产品不一而足。以新兴信息技术为引领的技术革新使文化内容和符号得以通过新兴媒介在旅游消费和生产的各个环节得以呈现和传播。博物馆、展览馆到文创基地、文化产业园多有旅游的功能，而景区景点、酒店住宿、旅游购物等设施无不是传播文化、创造文化的重要载体，尤其伴随技术、产品、市场的融合，旅游产业空间与文化产业空间也最终得以融合。

从基于功能角度的文旅融合业态类型来看，有文化遗产与旅游产业的融合业态，文化遗产与旅游产业融合的实质是以文化差异为核心吸引因素，让旅游者前往异地，消费当地的文化旅游产品，这一业态要通过历史人文遗迹、民俗节庆活动等特色文化资源与旅游产业融合实现；有文化创意与旅游产业的融合业态，有效整合区域的文化科技等要素，通过创意产业链延伸到旅游产业，使创意空间、创意地标都因为自身的文化创意、艺术而成为区域主要的旅游吸引物；有网络服务与旅游产业的融合业态，旅游与网络结合最紧的旅游电子商务，它作为一种新的传播媒介，基于移通信技术、GIS 技术以及最新的云技术和物联网技术，以推动旅游的数字化管理，可为旅游者提供详细的网络旅游信息服务；有影视传媒与旅游产业的融合，影视产业高度发展，旅游形式不断创新丰富，促生了影视旅游的火爆；有节事会展与旅游产业的融合；有娱乐演艺与旅游业的融合；有文化生产与旐游业的融合等。

从文化旅游产业融合模式来看，文旅产业融合的模式可分为路径要素模式、子产业模式、地域个案模式等。

从融合发展的国民经济行业分类体系测度来看，国民经济行业分类体系角度，基于部门细分对文化和旅游融合的内在构成以及所形成的产出规模进行准确测度，是一项极为关键而尚属空白的工作。为此，有学者根据投入产出表既有数据、《国民经济行业分类》以及其他相关行业分类等国家标准，估算文化及相关产业、旅游及相关产业融合发展的产出水平，同时基于行业分类体系的最新调整，对文化和旅游融合的发展方向和潜力做出展望。

现有的（包括联合国、我国国家、北京市的）各级各类文化和旅游统计指标体系，是地方文化与旅游统计核心指标测算研究的基础。

从国际层面来看，目前，可以获取的最新相关国际化标准为联合国教科文组织下属的统计研究所出版于 2011 年的《2009 年联合国教科文组织文化统计框架》。该“框架”首先定义了文化，即联合国教科文组织将文化定义为某一社会或社会群体所具有的一整套独特的精神、物质、智力和情感特征，除了艺术和文学以外，它还包括生活方式、聚居方式、价值体系、传统和信仰（UNESCO，2001）。之后，提出了文化统计在经济、社会、遗产等维度的测量思路。

从我国的国家层面来看，2018 年 4 月由国家统计局公布了《文化及相关产业分类（2018）》以及《国家旅游及相关产业统计分类（2018）》，这两个“产业分类”成为这两个产业统计的重要依据，给出了定义与范围，是地方文化与旅游统计核心指标测算研究的重要基础。

从案例研究的北京市来看，北京市统计局文化相关数据统计范围为规模以上文化产业法人单位。文化产业执行国家统计局印发的《文化及相关产业分类（2018）》文化及相关产业内涵。其统计的“规模以上文化产业收入”指标，是指单位取得的各类收入，包括企业的营业收入和行政、事业单位、民间非营利组织的收入合计，而非纯粹的产业性收入，也包括事业性收入。北京市旅游统计执行国家《旅游统计调查制度》，包括各类报表及入境、国内外省来京及市民在京游三大市场的抽样调查，以及市区两级旅游统计核心指标测算，假日旅游市场调查、监测及核心指标测算等。

基于北京市的案例，对地方文化和旅游主管部门行政管辖范畴的核心指标研究。

从文化与旅游产业收入指标体系来看，北京市文化与旅游产业收入指标体系包括：文化及相关产业收入、旅游收入、文化与旅游融合产业收入。其中，文化与旅游融合产业收入指标，可在一定程度上从收入统计的角度反映文化与旅游产业融合程度。其中，文化及相关产业收入中所统计的行业则为北京市文化和旅游局“三定方案”中所涉及的演出行业、动漫游戏产业、公共图书馆和文化馆等。上述产业收入可根据国民经济行业代码及北京市相关单位名录，结合国家《文化及相关产业分类（2018）》标准及北京市文化产业统计工作实际进行提取、汇总。北京市旅游收入统计相对完善。可从北京市的市区两级旅游统计测算获取数据。文化与旅游融合产业收入，通过对文化和旅游产业的融合要素、行业的市场调查，获取各类融合系数，进行测算，即报告期某市文化与旅游融合产业收入＝报告期某市（旅游收入 × 游客人均文化消费系数）。

从文化与旅游产业接待人数指标体系来看，文化与旅游产业接待人数指标体系包括：旅游业接待人数、营业性演出场所接待人数、公共图书馆及文化宫接待人数、游客文化参与度等。其中，游客文化参与度指标，可在一定程度上从接待人数统计的角度反映文化与旅游产业融合程度。根据《2009 年联合国教科文组织文化统计框架》，关于文化的社会维度测量，该框架推荐了文化参与度指标。从文化参与的角度来看，包括基于家庭的文化活动、外出文化活动、构建认同感。从文旅融合的角度来看，主要涉及外出文化活动的部分，即外出参观文化场所，诸如电影院、剧院、音乐厅、博物馆、纪念馆和遗址。因此，游客当中参与上述外出文化活动的人数占旅游业接待人数的比重，即为游客文化参与度。从北京市文化和旅游局行政管辖的范围来看，外出文化活动场所主要涉及演出场所、图书馆和文化馆等，即报告期某市游客文化参与度＝报告期某市（参与外出文化活动游客人数 / 旅游业接待人数）×100%。

研究对北京市的案例用2018年的数据进行了试算。

此外，2018年我国第四次经济普查工作已经结束，2019年11月20日，国家统计局已经先行发布了部分国家层面的普查成果。未来各省区市亦将会陆续发布各自地区的经济普查成果。基于经济普查数据库，获得各类“规模上”与“规模下”的推算比例，并可酌情用于非经济普查年度的测算工作。这一做法也符合联合国“框架”中所做的提示。

关于政策建议，第一，应加强文化与旅游统计研究，因为统计是决策的依据、管理的工具。

第二，文化与旅游统计指标体系亟待完善。从产业角度进一步推动文化和旅游融合发展，建立统一的统计与核算体系。为了更好地反映文化和旅游融合发展的行业事实，应打破文化和旅游相对孤立的统计核算体系，在行业分类、统计报送、核算框架等方面逐步进行整合乃至统一。从北京市的文化统计来看，基本上是基于事业的统计。未来需要进一步完善文化产业统计指标体系，尤其是从文旅融合的视角进行指标体系的建构，以及必要地获取基础指标的市场调查。包括游客参与文化活动的行为调查。

第三，文化与旅游统计边界，目前适宜遵从其主管部门的职责范畴。统计学语境下的“文化”应该是有边界的、可操作的界定，而不需要形而上的界定。统计学是科学，指标设置必须严谨，而不需要艺术化。对于地方文化和旅游主管部门而言，“文化”的边界来源于其行政管辖范围——所谓的“三定方案”，而不能“僭越”。

第四，核心指标选择应遵循的原则建议，即核心指标的核心体现原则，接待人数与综合收入，这两类指标是最能反映文化及旅游产业发展的最主要指标。便于获得原则，从时间维度来看，可在不同时间层次上获得，如年度指标、季度指标等；从地域维度来看，各地区基本具备这类指标的统计基础。兼顾原则，即文化与旅游两个领域皆有同类指标。文化和旅游兼具事业和产业属性。

第五，从产业要素及客源市场构成等角度，统计文化与旅游产业的融合程度。从文化与旅游产业融合的统计来看，北京市若从六要素的角度来分析旅游收入，则来自于“食”“住”“行”三方面的收入，基本不与文化及相关产业收入重复；而“游”（如参观文化馆）“购”（如购买文创商品）“娱”（如观看演出）三方面的收入，则与文化及相关产业存在较多交集。若从北京的客源市场构成角度来看，绝大部分来京入境游客、绝大部分国内外省来京游客、部分市民在京都市游游客，基本可以包含在文化及相关产业接待人数当中。从旅游资源分类角度来看，北京的乡村旅游与文化及相关产业接待受众交集较少。

第六，从政策上推动地方对文化与旅游统计工作的重视。一些地方，只关注统计数据，忽视统计工作，甚至造成统计人才流失，也就难保统计数据质量。需要从政策上推动地方对文化与旅游统计工作的重视。

第七，提高地方依法依规统计意识。将国家统计局对地方旅游统计督察工作的开展，作为一个契机，不断提升地方依法依规统计意识。

第八，畅通地方统计局与文化和旅游局之间的工作机制，尤其是地方统计局与文化和旅游局之间的协同联动，成果共享。

第九，基于不同融合程度的各地方，在国家统一的统计制度规范下，建议开展富有地方特色的文旅融合统计工作。

第十，从市场的角度突破现有文化统计口径制约。未来，可适时启动从市场的角度突破现有文化统计口径制约的统计研究，以满足北京作为文化中心对文旅融合发展的统计数据的需求。

社会转型与旅游优质发展：新挑战、新要求与新对策

负 责 人：朱 竑
依托单位：广州大学
起止日期：2019 年 10 月—2019 年 12 月

在当下我国的社会转型期，由于广阔与稳定的国民旅游与休闲市场需求，加之旅游业对国民经济发展，城乡协调统筹，生态保护建设与中华文化传承等各项宏观社会事业的促进作用，旅游业正在成为我国国民经济中的战略性支柱产业。经过 40 年的发展，我国旅游业发展已经实现了从无到有、从小到大的产业增量。对于地方 / 区域而言，旅游业往往包含食、住、行、游、购、娱等多个要素，对交通运输、商业贸易与环境保护等相关产业有强大的带动作用，通过乘数效应，旅游产业能够带动和辐射区域经济发展。依托跨区域的自然山水景观和完整的地域文化单元，目前一批区域旅游合作区正在依托着我国的城市群快速成长。例如，长三角城市群、京津冀城市群以及粤港澳大湾区。对个体（旅游者）而言，随着国家休假制度的多次调整和人民生活水平的提高，人民群众有了更多的时间和可支配收入参与和进行旅游活动，旅游已然成为当前我国国民生活中不可或缺的一部分。随着全面建设小康社会的推进，经济和社会发展水平的不断提高，中等收入群体逐步扩大，居民可支配收入和休闲时间增多，带薪休假制度落实，高铁等交通基础设施的发展，我国居民旅游消费需求也将得到快速释放。休闲与旅游的日益普遍和大众化，已然成为一种日常生活方式。总之，旅游发展的需求与挑战已经由“有没有”转向了“好不好”，更加强调旅游过程中的各个维度与旅游活动所牵涉多面向的全面系统化的优质发展问题。

然而，当前我国的总体消费结构处于一个关键的历史节点，供给体系质量和效率

不足，不能满足国民对美好生活追求时对优质、特色化和个性化产品的消费需求，供需结构出现一定程度的错位。党的十九大报告指出，当前我国的社会主要矛盾已经转化为人民日益增长的美好生活需要和不平衡不充分的发展之间的矛盾。具体到旅游上，体现为人民日益增长的优质旅游体验需要和旅游多维度供给不平衡不充分的旅游优质发展之间的矛盾。因此，转变当前旅游的发展模式，从有到优，成为解决这一矛盾的必然要求。

本研究报告从旅游优质发展的理论出发，系统解释和分析了其内涵和意义。随后在西方旅游发展历程及其规律的系统梳理下，探讨西方旅游发展对中国旅游优质发展的启示。基于当前我国社会转型特殊时期，从九方面提出了我国旅游发展结构体系优化的新要求。并针对我国旅游优质发展当前存在的问题，提出可能的突破和解决对策。

优质旅游是能够满足人民旅游美好生活需要，能够充分体现“创新，协调，绿色，开放，共享”的发展新理念。不同于传统的品质旅游和优质服务，优质旅游强调的是全局性的、综合性的提质升级。此外，优质旅游是动态的发展过程，随着时代发展不断更新其内涵。同时作为中华民族优秀传统文化、社会主义先进文化的重要载体，推动着中华优秀文化的传承。在此过程中，旅游不再是单一的观光游览的过程，也是享受目的地丰富文化内涵的过程。从理论维度上看，立足于中国旅游实践的本土理论体系，优质旅游能够向国际社会传递中国声音，为世界各国特别是发展中国家提供中国旅游方案、中国旅游经验、中国旅游智慧，提升中国旅游研究在世界旅游研究的话语权，更好地发挥中国在世界旅游中的引领作用。

在对西方旅游发展的演变历程和新动向进行分析和阐述后，研究报告总结了西方旅游发展的规律。首先，从旅游市场营销方面来看，在西方旅游发展历程中，不仅需要开发出具有生命力的旅游产品，更需要结合当时的旅游消费能力，以及旅游者的需要加以创造。其次，从旅游产品开发上看，在西方旅游发展的内容上，不断推陈出新，在旅游景观和旅游产品中尤其增加了多元的文化内涵。从西方旅游发展的经验表明，旅游业的收益越来越不依靠人数的增加，而来自多元文化含量的旅游地建设和特色旅游服务。在旅游资源保护上，西方对于旅游资源的创新开发主要基于两个关键点：第一，基于旅游地原有的旅游资源；第二，强调旅游地的保护和持续发展。最后，从旅游多元主体互动上看，在西方旅游发展与多元主体的利益关系的处理中，西方国家往往会避免产生国家与旅游业主体的纠缠关系，同时又考量其他利益相关者的利益。基于以上总结出的西方旅游发展的规律，得到了以下对中国旅游优质发展的有益启示：

（1）结合中西审美差异，创新性开发独具中国特色的旅游产品;（2）有所差异地采用不同的模式、不同的方式来进行旅游发展;（3）实现大众旅游生态化的旅游可持续发展开发模式;（4）关注以社区为中心的多元利益主体的权利关系。

在当前特殊的社会转型期，借鉴西方旅游发展的规律和路径，结合当前我国旅游优质发展现状，研究报告提出了我国旅游优质发展结构体系的新要求。在旅游目的地评价体系优化方面，适当针对特定类型的旅游目的地的开发、可持续发展战略等进行概括性的提炼以创新理论基础，也需纳入未来旅游目的地评价体系当中。同时，与大数据接轨形成交叉互动型的多重指标、不断创新理论基础成为优化未来的旅游目的地评价体系的主要发展趋势。旅游市场体系优化上，通过建立和完善相关的旅游服务标准和市场规范，严惩和管制旅游市场违法违规失信经营等行为，建立全国信用信息共享平台和国家企业信用信息公示系统。构建以信用监管为核心的立体化、全方位现代治理体系。在旅游公共服务体系优化上，完善由政府主导的旅游公共服务体系，高效资源配置和加快产业融合以调动社会资本积极性。在全域旅游、智慧旅游的浪潮下，构建全域覆盖、全面发展、具有目的地结构体系的全面性服务架构。在旅游公共服务体系中规范完善旅游引导标识系统，满足及保障特殊人群和弱势群体的要求和安全。在旅游产品体系优化上，必须要引导旅游产品从注重量到质的思维转变，优化旅游产品要素资源配置，牢固树立绿水青山就是金山银山的理念，坚持保护优先，合理有序开发，防止破坏环境，摒弃盲目开发，实现经济效益、社会效益、生态效益相互促进，才能满足新形势下的多样化、多层次的旅游需求。对旅游体制机制优化也提出了新要求，即需进行全面的研究和有效的改革创新。同时，随着人们旅游需求的增加，推行假日制度改革是推动中国旅游业转型升级、绿色可持续发展的重要举措之一。就服务质量管理体系优化而言，需要对服务质量进行再定义，要求执行旅游管理的各级部门联合多部门进行服务质量的提升。在人才队伍培养体系优化上，重视旅游人才的培养，建立旅游产业各层级所需要的人才。在财政金融体系优化上，为了将旅游产业建设成为满意度更高、更为健康的现代服务业，国家正在现有的基础上加大财政金融方面对旅游产业的扶持力度。

在优化旅游发展结构体系的同时，也不能忽视当前在发展优质旅游过程中所存在的现实问题。研究报告将根据目前存在的现实问题提出可能的突破和解决策略，以期为我国旅游优质发展提供可资借鉴的学理路径。

当前，在旅游优质发展过程中，较为突出的问题包括旅游流潮汐式涌动、自然因素影响下的季节性差异明显、旅游接待设施与服务质量不匹配、核心与边缘景区接待游客量差异明显、旅游教育与对口就业不匹配等问题。

为解决好旅游流潮汐式涌动问题，实现旅游可持续发展，维持稳定的旅游客源市场，研究报告认为首先仍需从景区的管理方面入手。（1）对工作人员进行能力素质的培养与提升;（2）制定修改景区管理细则，提升管理效率与管理合理性。在旅游淡季，景区企业需要抓住时机继续进行品质升级，做好随时迎接游客，保证景区服务质量的准备。其次，针对旅游淡季常见的游客人群，因地制宜地推广符合其需求的特色产品。最后，拓宽旅游门票及旅游产品销售渠道，着力推进产业融合，促进互联网、信息化为旅游业添砖加瓦。

自然因素对旅游活动开展有着深刻影响，但只要掌握其规律，增加旅游活动的灵活性和应对能力，就能将不利因素转变为推动旅游活动发展的助推器。为此，针对自然因素影响下的季节性差异明显这一问题，本报告提出了以下对策可供参考：首先，加强相关旅游产品的深度开发。旅游业的生命力不仅仅在于对自然景观的表面开发，还在于关注其文化内涵。当旅游产品开始注重文化内涵的提升，自然季节差异的对其的影响就会减少很多。其次，加大相关旅游产品的联动开发。跨行业的联动开发而衍生出的工业、体育、研学、健康、科技等与旅游相结合的新业态可以为旅游业自身扩大发展空间，也可以拉动其他行业产生联动效应，给其他产业提供动力。因此，景区企业需要重视对人文与自然资源的合理规划和建设，不断给旅游产品注入新的内涵，推陈出新。最后，积极营造推动旅游景区消费的良好环境。

旅游设施与服务不仅需要从量上进行扩充，也需要对其质量有所要求。质量是确保优质旅游活动开展的基础。针对旅游接待设施和服务存在的问题，研究报告提出了以下几个解决对策：首先，由上而下加强监管力度，细化每种要素的行业标准和服务要求。其次，组建第三方组织监督，以期各项政策能够有效地落到实处，保障各项旅游服务质量长期保持较好的水准。最后，充分利用科学技术，为提高旅游服务质量力度和效度提供技术支持。“互联网 + 旅游”“智慧旅游”等旅游新模式的出现，为旅游接待设施和服务向优质发展提供了有力的技术支持。

“全域旅游”概念的提出，为解决过去由于核心—边缘不平等空间分布的旅游景区所出现的问题指出了新的出路。而针对由此问题所引发的旅游接待量的差异问题，本报告有以下三条解决对策提供参考：首先，加快建设地区“全域旅游”进程，整合地区旅游资源。其次，合理规划地区游览线路，将具有品牌效应的景区与处于品牌荫蔽区的边缘景区串联起来。最后，地方政府需要对边缘景区提供相应的政策支持和行业指导。

中国的旅游教育与世界旅游强国仍然存在一定差距，尤其是人才培养模式和课程体系未能适应当前高素质旅游人才的需要。具体来看，旅游管理专业毕业生就业问题就是当前亟待解决的，为缓解旅游教育与对口就业不匹配问题，可从以下几个建议出发：首先，明确和合理规划本科（高职）教育的培养计划。其次，根据旅游市场的变化及时更新课程体系。最后，培养学生的创新意识和学科认同感。

“十三五”旅游发展规划评估与“十四五”规划思路研究

负 责 人：宋子千
依托单位：中国旅游研究院（文化和旅游部数据中心）
起止日期：2019 年 10 月—2019 年 12 月

为了更好地服务于国家发展战略，更好发挥旅游业战略性支柱产业地位的作用，及早对“十四五”旅游业发展进行前期规划研究十分必要且重要。本课题在对我国“十三五”期间旅游业实际发展情况开展综合评价，对“十四五”时期旅游业发展国内外宏观形势和自身发展趋势进行科学研判的基础上，提出了我国“十四五”时期旅游业发展的总体思路、基本原则、主要目标及基本任务和主要措施建议。

“十三五”时期在我国旅游业发展历史上非常特殊，是承前启后的重要时期。2018 年 3 月之前旅游部门单列，从 2018 年 4 月开始进入文旅融合新时代。从总体上看，“十三五”以来，我国旅游业发展取得了不菲成就。对照国务院发布的《“十三五”旅游业发展规划》，时间过半，主要任务完成远超一半。六大基本旅游指标中，国内旅游人数、入境旅游人数和旅游业总收入在 2018 年分别达到规划期末指标的 86.56%、94.67% 和 85.29%，2019 年预计可达到 94.68%、95.33% 和 93.14%；出境旅游人数在 2018 年已达到规划指标；旅游投资规模和旅游综合贡献度在 2018 年分别达到指标的 82.5% 和 92%。旅游业直接就业人数 2826 万人，比 2015 年增加 28 万人，直接和间接就业估计总共增加 120 万 ~150 万人，和规划目标年新增就业人数 100 万人仍有一定差距。从目前情况来看，规划主要指标应可按时全面完成，旅游业在国民经济中的战略性支柱作用进一步增强，建设世界旅游强国的基础更加稳固。旅游消费量质两增，国民旅游需求得到进一步激发和释放，旅游日益成为国民大众美好生活的重要组成部分。旅游创业创新活跃，产品体系更加丰富多元，产业体系更加开放健全。旅游市场秩序整治成效显著，文明旅游水平进一步提高。“厕所革命”有力推进，旅游公共服务体系更加完善。虽然受到港台政治局势的影响，内地和港澳台旅游交流合作继续深入推进。对外旅游交流更加积极主动，国际旅游影响力显著增强。文化和旅游部门机构改革顺利推进，文化和旅游融合发展初见成效。旅游发展更加注重长远和综合效益，在国民经济社会发展中的战略性作用显著加强。

与此同时，当前旅游业发展中也存在一些问题和不足：文旅融合体制机制尚不完善，法律政策环境、主体建设等都需要进一步加强；同质化竞争和欺客宰客等现象仍然存在，节假日拥堵现象严重，旅游服务质量还有上升空间；旅游供给总量难以满足大众化旅游需求，优质旅游供给尤其不足；产业主体面向市场化的改革尚未完成，转型升级压力大；国际旅游出现“双逆差”，入境旅游增长乏力；科教、人才支撑存在短板，旅游治理体系和治理能力现代化程度不高；服务国家战略还有提升空间，旅游业发展综合效益有待进一步发挥。

“十四五”时期我国旅游业发展环境利大于弊。从国内来看，“十四五”时期，是“两个一百年”奋斗目标的历史交汇期，也是开启全面建设社会主义现代化国家新征程重要机遇期。对于旅游业发展来说，还是文化和旅游部组建之后的第一个完整的“五年”。美好生活新时代赋予旅游业发展新的使命，高质量发展新阶段对旅游业发展提出更高的要求。经济持续增长和居民消费持续升级为旅游业发展奠定了坚实的需求基础。文化建设、生态文明建设、科技革命、区域发展战略等为旅游业发展提供了强劲动能。从国际来看，在全球经济增长总体放缓、全球经济格局分化的情况下，中国国际影响力有望进一步加强，中国旅游业的国际地位也有望进一步提升，但需要警惕逆全球化和贸易争端等对旅游业发展带来的冲击。

从旅游业自身发展趋势来看，旅游需求在继续朝大众化、品质化方面发展的同时更加多样化，旅游供给则表现出多元、分散产业主体和全域旅游目的地的并存。在居民收入持续增长、居民消费持续升级和旅游日益成为人们日常消费的情况下，国内旅游消费仍将保持高于 GDP 的速度增长。与此同时，四线、五线城市以及农村地区休闲性旅游市场开始兴起。入境旅游市场回升向好，出境旅游市场趋于理性。过去围绕观光旅游形成的以景区、旅行社、星级饭店等为重点的产业体系面临进一步调整，符合美好生活需求的特色村镇、文创街区、主题公园、度假区、民宿以及适应时代发展的旅游电商微商、线上社区、各种旅游融合业态等将在旅游产业发展中占有越来越重要的地位。基于人们对主客共享美好生活的向往，国内旅游目的地建设将更加关注基础设施、商业环境、居民生活方式等要素，致力于本地居民生活方式的挖掘提升和共享生活场景的营造结合，积极营造有温度、有内涵的美好生活新空间，文化创意和先进科技成为越来越重要的发展动能。文化和旅游融合发展体制机制进一步完善，现代化旅游治理体系加快建设。就具体行业和领域而言，住宿业更注重存量优化、新技术运用和文化创意提升，景区业重点转向内容创造、融合发展，旅行服务业沿着丰富业态类型、创新商业模式、提升服务治理的路径继续前进，旅游餐饮业和文化主题、休闲娱乐进一步结合，旅游购物更加注重创意性、功能性和地域标志性，旅游文化娱乐继续吸引物化，旅游交通的体验性进一步增强，夜间旅游、避暑旅游、冰雪旅游、研学旅行、博物馆旅游等新业态将得到快速发展。

“十四五”旅游业发展，要以习近平新时代中国特色社会主义思想和习近平关于文化和旅游工作的系列重要论述为指导，深入学习贯彻党的十九大和十九届二中、三中、四中全会精神，坚持以人民为中心，以高质量发展为主线，推动全域旅游深入发展，推进文化和旅游融合发展，着力提升旅游品质，努力提供更多符合人民群众美好生活需要的旅游产品，完善旅游产业体系，优化旅游治理体系，促进三大旅游市场更均衡的发展，为世界旅游强国建设奠定更为坚实的基础。要坚持以人民为中心、坚持高质量发展、坚持文旅统筹融合、坚持开放共享创新，进一步完善旅游产业体系，进一步健全旅游治理体系，进一步提升旅游发展效益，进一步增强旅游国际影响力。到2025年，争取居民出游率达到7次以上；国内旅游人数突破100亿人次；入境旅游人数达到1.6亿人次以上；旅游业总收入超过10万亿元，年均增长在8%以上；旅游业对国民经济和就业的综合贡献稳中有增，分别达到11%~12%和10%~11%。

建议“十四五”发展采取切实措施，着重完成六大方面的任务。一是着力扩大旅游消费。通过降低旅游成本、提高旅游便捷程度、增强旅游时间保障、丰富旅游产品供给、优化旅游消费环境等措施推动旅游消费保持较快速度增长。二是着力振兴入境旅游。要将入境旅游发展放到更加重要的位置，系统优化入境旅游发展环境，积极构建市场化、专业化推广体系，进一步激发入境旅游产业活力，以中国梦作为入境旅游发展新动能，大力振兴入境旅游。三是着力培育壮大旅游市场主体。要加快面向现代服务业的单位改制和企业改革，积极营造更加积极、宽松的产业发展环境，培育一批世界级旅游景区和旅游企业，提升我国旅游企业的国际竞争力和影响力。四是着力构建现代旅游治理体系。要从贯彻落实党的十九届四中全会精神的高度，高度重视体制机制建设，把加强和完善旅游领域各方面的制度作为旅游业改革发展的大事来抓，加快服务型政府建设，推进旅游治理体系现代化。同时着眼中长期发展，推动旅游科技、研究、教育、统计等基础工作更加扎实，提高旅游业可持续发展能力。五是按照“宜融则融、能融尽融，以文塑旅、以旅彰文”的理念，完善文化和旅游融合发展体制机制，促进文化资源的旅游开发利用，加强中国特色旅游文化建设，推动文化与旅游在更广范围、更深层次、更高水平上实现融合发展，更好地满足人民美好生活新期待。六是深入推进全域旅游发展。全域旅游是推进旅游供给侧改革、促进旅游高质量发展的重要内容。要加快全域旅游制度创新，完善全域旅游治理机制，推进产业融合，推动全域旅游深入发展。

我国旅游公共服务效能提升研究

负 责 人：项国雄
依托单位：江西师范大学
起止日期：2019 年 10 月—2019 年 12 月

国务院《关于促进全域旅游发展的指导意见》表明，我国旅游经济快速增长，旅游业已成为国民经济的战略性支柱产业。旅游业既是发展经济、增加就业的有效手段，又是提高人民生活水平的重要产业。但是，目前我国旅游公共服务滞后于快速增长的旅游消费需求，成为制约我国旅游业高质量发展的关键因素。同时，旅游公共服务效能不高已经成为我国重点关注及亟须解决的问题。2016 年，《“十三五”全国旅游公共服务规划》指出，我国旅游公共服务供给分布不均、效能不高，不平衡、不均等、不可持续等问题亟须解决，补齐这一短板任务十分艰巨；2019 年，全国公共文化领域重点改革任务暨“旅游厕所革命”工作现场推进会要求“提升公共服务效能，推动改革落地生根”。同时，提高旅游公共服务效能也是顺应大众旅游时代、满足游客追求更高旅游消费品质的需要。因此，探究旅游公共服务效能内涵，考察旅游公共服务效能现状，研究旅游公共服务效能提升对策等问题，具有比较重要的现实意义及学术价值。

旅游公共服务效能源于旅游公共服务和效能的界定，是旅游公共服务与效能两个概念的融合。现行政策层面关于旅游公共服务的表述不尽一致，但比照相关性极强的公共文化服务理论特性，旅游公共服务的内涵也应当涉及群体共享权利、公共产品的供给以及供给主体三方面。李爽较早论证了旅游公共服务概念，张泰成、李军鹏、董培海、谷艳艳、蔡礼彬和夏杰长等学者随后进一步拓展了旅游公共服务内涵，本课题参考相关文献及我国实际，认为，旅游公共服务是在不以营利为目的、维护旅游群体共享权利前提下，由政府主导提供的旅游基础设施服务、公共信息服务以及旅游公共服务标准化工程等具有基础性、公益性的旅游公共产品和服务的总称。除此之外，理解旅游公共服务效能也需要认识“效能”内涵。现代管理学之父彼得·德鲁克将效能定义为“选择适当的目标并实现目标的能力”，胡守勇等也探讨了效能内涵。本课题认为效能是组织或者个人在有目的、有组织的活动中达到预期结果或影响的程度。

基于旅游公共服务及效能的内涵，本课题认为旅游公共服务效能体现在旅游基础设施服务、旅游公共信息服务、旅游公共服务标准化工程三方面，是指在不以营利为目的、维护旅游群体共享权利的前提下，政府或其他组织（企业、非营利组织等）在提供旅游基础设施服务、公共信息服务、旅游公共服务标准化等方面取得的成效和存在的问题。

之后，本课题比较全面地论述了我国旅游公共服务效能现状，包括主要成效、存在问题及原因。我国旅游公共服务效能方面取得的成效主要包括：旅游基础设施不断完善、旅游公共信息服务效能持续提升、旅游公共服务标准化工程进展明显、旅游公共服务效能评价体系初具端倪。在取得明显成效的同时，我国旅游公共服务效能也存在一些问题，如旅游基础设施建设相对滞后、旅游公共信息服务供给方式单一、旅游公共服务标准化工作亟待加强、旅游公共服务效能评价体系有待完善等。

我国旅游基础设施建设相对滞后具体表现在旅游公共交通设施、厕所等旅游游憩设施以及安全保障设施等方面建设滞后。其中，旅游公共交通设施建设滞后导致游客出行花费时间过长，增加了游客的时间成本；厕所建设滞后带来的直接影响就是厕所的数量无法满足游客的需求，难以适应旅游旺季的来临。因此，我国各地“厕所革命”开展得如火如荼，但总体来说还是投入不够。旅游公共安全服务设施不足，是导致我国景区事故频繁发生的主要原因。部分景区救援资源浪费，或者没有足够数量的救援装备等也是我国旅游救援资源配置不合理、旅游安全服务欠佳的表现。

同时，我国旅游公共信息服务质量不高也严重制约旅游公共信息服务效能的提升。这集中表现在：我国旅游咨询中心发挥的功能有限，旅游咨询中心缺乏专业人才，无法为游客提供专业的咨询服务。旅游咨询中心提供的服务专业性不强也降低了旅游咨询中心的影响力。据统计，全国大约有 50% 的旅客不知道旅游信息咨询中心的存在，很多旅游咨询服务中心无人问津。同时旅游咨询中心提供的服务较单一，无法满足游客日渐多元化的需求。

此外，旅游公共服务标准化工作亟待加强，主要表现为：旅游公共服务标准化建设不完善、旅游公共服务标准化实行过程监管不到位。旅游公共服务标准化是治理旅游乱象、改进旅游公共服务质量、提升旅游公共服务效能的有效举措。

而缺乏完善统一的旅游公共服务效能评价指标体系的原因在于政府部门标准化意识淡薄且各部门没有明确分工，各部门只负责自身职责、部门之间缺乏协同。这导致旅游公共服务效能评价难以形成完整的体系，无法进行全面、科学的衡量。

本课题还论述我国旅游公共服务效能存在的问题及其原因。一是旅游公共服务供给主体单一，不但给当地政府财政带来巨大的负担，而且导致不少地方的旅游公共服务设施数量不足、使用效率不高。二是旅游公共服务规划不够合理、实施效果欠佳，难以满足新时代游客的多样化及高质量要求。旅游资讯网站建设规划滞后于旅游公共服务发展实际，导致游客旅游过程中出现信息缺失现象；旅游咨询中心建设规划不合理造成使用游客少，浪费大量人力、财力和物力。三是政府监督不到位，导致旅游消费服务标准执行不佳，特别是在旅游购物、餐饮及住宿等方面，从业人员服务职业素质不高、政府监管力度不足等严重影响游客体验及满意度的提升。

本课题认为，提升游客满意度是我国旅游公共服务效能提升的总目标。根据我国旅游公共服务效能内涵、现状，特别是旅游公共服务效能提升面临的问题，本研究阐述了旅游公共服务为民原则、信息化原则、持续改进原则以及公众参与原则。旅游公共服务是为满足国内外游客的公共需求而提供的基础性、公益性的旅游产品与服务，因此，必须坚持服务为民。只有以信息化手段优化旅游公共服务，推动信息技术与旅游业发展的深度融合，才能大幅改进我国旅游公共服务效能。由于游客需求不断变化，就必然要求旅游公共服务做出相应调整及持续改进。公众参与也是我国旅游公共服务效能提升的主要原则及有效路径。

根据我国旅游公共服务效能存在的问题以及改进原则，本课题提出了五方面改进措施。一是实现供给主体多样化，完善旅游公共服务基础设施建设。采取与社会资本合作的方式共同建设旅游公共服务基础设施。合理优化基础设施建设结构，尽快建设及更新匮乏、破旧的基础设施。加大旅游公共交通设施以及安全保障设施供给投入，及时更新老旧的旅游游憩服务设施。公开征求公众的意见和建议，参考公众的意见改进旅游公共服务基础设施建设规划，提高旅游公共服务设施的有效性。

二是完善旅游公共信息服务规划。增加旅游咨询服务中心数量、优化旅游咨询服务中心布局、加强旅游咨询服务宣传，提升旅游信息咨询服务中心从业人员入职要求、从业素质，提供多元化的公共信息服务等手段完善旅游公共信息服务规划。

三是加快智慧旅游服务平台建设。首先，继续优化提升“12301”国家智慧旅游公共服务平台，整合旅游信息资源，实现全国旅游信息数据共享。其次，将智慧旅游平台与媒体力量相互联系，借助媒体的力量进行宣传与监督。

四是提高政府部门服务标准化意识并加强旅游监管服务，建立旅游公共服务效能保障体系。政府部门一方面要正确认识旅游公共服务标准化工程在公共服务效能方面的作用；另一方面是更新老旧的观念，将政府是旅游公共服务标准化的监督者这一角色转变为政府是标准的制定者以及实施者的角色，加强对旅游服务的监管。首先，制定餐饮认证标准并加大餐饮安全服务标准的管控力度。其次，制定旅游酒店服务标准，提高酒店服务质量。最后，完善旅游购物商店经营标准，保障游客合法利益。此外，相关旅游服务监管部门要加大管控力度，开展不定期排查。对违反食品安全标准、酒店服务准则以及旅游购物商店经营标准的行为或是存在欺骗行为的旅游餐饮服务从业者、旅游购物商店经营者等拉入黑名单，并依法处理。

五是建立完善旅游公共服务效能评价指标体系，为定量衡量、改进旅游公共服务效能提供科学依据。本课题初步构建了旅游公共服务效能评价指标体系，以此深化旅游公共服务效能研究，为进一步提升旅游公共服务效能提供科学依据。

我国旅游业高质量发展战略与路径研究

负 责 人：阎友兵
依托单位：湘潭大学
起止日期：2019 年 10 月—2019 年 12 月

本课题组在系统梳理国内有关经济高质量发展的相关成果基础上，结合我国旅游业发展实际，对我国旅游业高质量发展的概念、内涵、特征、要求进行探讨，构建能反映旅游业高质量发展内涵的评价体系，对当前的现状与问题进行评判与诊断，进而提出我国旅游业高质量发展的战略与路径。

一、旅游业高质量发展的概念与内涵

旅游业高质量发展的核心概念可以表述为：旅游业高质量发展就是能很好满足人民日益增长的美好旅游生活需要的发展，就是体现新发展理念的发展，就是要推动旅游经济发展质量变革、效率变革、动力变革的发展。其内涵包含以下三个重要方面。

第一，旅游业高质量发展就是能很好地满足人民日益增长的美好旅游生活需要的发展。旅游业高质量发展肩负着新时代满足人民日益增长的美好生活需要这一时代责任，是实现大众从“有得游、游得起”向“游得舒心、玩得放心”转变的发展。

第二，旅游业高质量发展就是体现新发展理念的发展。旅游业高质量发展必须深入贯彻“创新、协调、绿色、开放、共享”五大发展理念，要使创新成为第一动力、协调成为内生特点、绿色成为普遍形态、开放成为必由之路、共享成为根本目的。

第三，旅游业高质量发展就是要推动旅游经济发展质量变革、效率变革、动力变革的发展。其中，旅游高质量发展中的质量变革就是坚持“质量第一、效益优先”，效率变革代表着关注旅游业在生产和市场两方面效率的层次提高和视野拓宽，动力变革则代表旅游业发展动力来源从一般要素投入向创新驱动转变。

二、旅游业高质量发展的基本特征

旅游业高质量发展必须植根于旅游经济的活力、创新力和竞争力，因此旅游业高质量发展应该具备以下六大基本特征：高效率增长、有效供给性增长、中高端结构增长、绿色增长、可持续增长、和谐增长。

三、旅游业高质量发展的总体要求

一是必须以五大发展理念为指导，二是必须以供给侧结构性改革为根本途径，三是必须牢牢把握发展是第一要务、人才是第一资源、创新是第一动力这三个关键，四是必须处理好供给和需求的关系、投入与产出的关系、政府与市场的关系、公平与效率的关系、国内和国外的关系。

四、我国旅游业高质量发展评价指标体系构建与评价

（一）指标体系构建

在充分认识和准确把握旅游业高质量发展内涵的基础上，遵循科学性、全面性、客观性、可操作性、数据可获得性等原则，参考借鉴当前已有研究成果，从产业发展活力、创新发展、协调发展、绿色发展、开放发展、共享发展和有效发展七个维度构建我国旅游业高质量发展的“5+2”评价指标体系，包括创新投入、创新产出等 16 个二级指标和旅游产业增长速度、高等级旅游企业增长率等 61 个三级指标。

（二）我国旅游业高质量发展综合评价结果

基于数据可得性的原因，本文选取除港澳台地区和西藏自治区之外的 30 个省区市作为研究对象，经过测算，得出如下结果。

1. 各指标情况

推动旅游产业活力高质量发展的主要因素是旅游产业增长速度、旅游总人数增长率和高等级旅游企业增长率，而国内游客人均花费和旅游从业人员增速构成主要拖累因素；对旅游业创新高质量发展贡献最大的是旅游业 R&D 人员、旅游业固定资产投资额和旅游三种专利申请授权数，而贡献度最低的是旅游学术论文发表数；对旅游业协

调高质量发展贡献最大的是城乡交通基础设施差距的缩小和城镇化水平的提高，而贡献度最小的是旅客周转量的地区差距和城乡固定资产投资比；对旅游业绿色高质量发展贡献最大的指标是森林覆盖率和旅游业废气排放量，环境治理投资额占 GDP 比重的贡献也较突出，拖累绿色发展质量的是单位旅游收入能耗和单位旅游收入水耗；对旅游业开放高质量发展贡献最大的指标是外商投资星级饭店数、旅游创汇收入占旅游总收入比重和旅行社接待入境旅游者人数，而贡献最低的指标是国际旅游收入年增长率和接待入境过夜游客平均停留时间；对旅游业共享高质量发展贡献最大的指标是农村无害化卫生厕所普及率、城镇居民旅游收入弹性和公路营业里程，而居民文体旅游消费支出比重成为我国旅游业共享高质量发展的短板；对旅游业有效高质量发展贡献最大的指标是旅游资本产出率和产品经济效益，而贡献最小的指标是星级饭店出租率和旅游企业效率绩效。

2. 子系统水平

协调发展质量和共享发展质量对我国旅游业高质量发展水平的贡献最大，创新发展质量和绿色发展质量的贡献度次之，贡献最小的是开放发展质量、产业发展活力质量和有效发展质量。不同省份的旅游业高质量发展子系统水平存在较大的空间差异，其影响因素也各不相同。

3. 综合水平

我国旅游业高质量发展综合水平偏低，综合水平最高的省份是北京，广东、江苏、浙江等省份次之，而吉林、青海和黑龙江等省份相对薄弱。

4. 区域差异

我国旅游业高质量发展综合水平整体呈现“东高、中平、西弱、东北低”的区域分布格局；导致我国各区域旅游业高质量发展综合水平存在差异的主要一级指标是创新发展和开放发展。

五、我国旅游业高质量发展的战略选择

（一）战略分析及战略选择

本课题组在厘清我国旅游业发展的基本现状，系统分析我国旅游业所面临的国内国际政治环境、经济环境、文化环境和科技环境等外部环境，充分考虑我国经济高质量发展的宏观政策体系的基础上，以我国旅游业高质量发展的实证评价结果所显示的

关键问题作为研判依据，并结合我国改革开放以来旅游业发展战略演变的脉络主线，基于新时代我国旅游业高质量发展的概念内涵、基本特征和总体要求，提出我国旅游业高质量发展战略为：“创新引领，质量强旅。”

（二）战略解读

“创新引领”意味着创新是引领旅游业高质量发展的首要驱动力，是实现旅游产业结构转型、旅游现代化经济体系构建的关键动力，是突破传统的规模经济边际效益递减困境的新动能，“创新引领”真正体现了旅游业作为创意产业的精髓与实质。“质量强旅”则代表着提升旅游发展质量是当前的主要任务，是旅游业真正实现高质量发展的重要保证，代表着旅游业发展方式必须实现从单纯追求规模效益向提质增效转变，也是我国由世界旅游大国向旅游强国迈进的必由之路。因此，在新的历史时期提出“创新引领，质量强旅”战略，就是要求旅游业以“创新”为抓手在产业体系、治旅模式、发展方式上实现革新，以“质量”为保证，在追求效率提升、结构转型升级、动能转换中实现可持续发展。

六、我国旅游业高质量发展的路径设计

（一）总体思路

坚持以习近平新时代中国特色社会主义经济思想为行动指南，以科学把握旅游业高质量发展的内涵为基本前提，以贯彻五大发展理念为引领，以供给侧结构性改革为主线，以构建协同发展的旅游产业体系为生产力基础，以建立高质量发展配套政策体系为重要保障，贯彻质量第一、效益优先原则，着力构建市场机制有效、微观主体有活力、宏观调控有度的旅游经济体制，推动我国旅游经济在实现高质量发展上不断取得新进展。

（二）具体路径

具体实践中应围绕现代化旅游经济体系建设，着重加强软件建设，主要从深化体制机制改革、激发创新活力、加快扩大开放等方面着手。

1. 提高空间均衡性，推进区域协调发展

一是要坚持以顶层设计为主导，二是要坚持以多元渐进的战略体系为旅游业提供

发展支撑，三是要实现区域旅游发展的差异化管理。

2. 激发创新活力，提供发展新动能

一是要重视源头创新，二是要强化旅游企业在创新中的主体地位，三是要把握创新主攻方向，四是要加强创新平台建设，五是要锻造旅游创新人才队伍。

3. 加快扩大对外开放，提高国际竞争力水平

一是要打造一批以“一带一路”为纽带的国际旅游中枢；二是要创建更具世界影响力的旅游精品，提升我国的国际旅游吸引力；三是要做好旅游外资吸引；四是要以更加积极主动的姿态参与到国际旅游治理中。

4. 深化体制机制改革，营造优良的营商环境

一是加快行业管理体制机制改革，二是创新和完善行业管理部门对旅游产业发展的宏观调控，三是加快中央和地方涉旅财政体制改革，四是加快其他领域体制机制改革。

5. 创新业态、产品与发展模式，引领产业转型升级

一是通过融合创新引领旅游新业态，二是通过融合创新引领旅游产品提质升级，三是以供给侧结构性改革指导旅游发展模式创新。

6. 强化资源与环境保护，推进旅游绿色发展

一是在旅游全产业链上遵循绿色发展理念，二是进一步将环境评价与资源评估纳入旅游规划和开发的评价体系之中，三是以生态补偿反哺绿色发展，四是以科技创新为绿色发展提供技术支持。

7. 构建高质量发展的衡量指标体系，建立绩效评估长效机制

一是要精确瞄准社会主要矛盾在旅游领域的表现，充分体现五大新发展理念；二是要注重指标覆盖的全面性和内涵的丰富性；三是要立足于我国不同区域旅游业发展的实际情况；四是要建立绩效评估长效机制。

8. 大力发展旅游教育，提高人力资本质量

一是要尽快努力提升旅游教育的学科地位，二是进一步提高文化和旅游管理类本科专业及高职专业教育水平与质量，三是强化在职培训，四是丰富教育和培训的手段、方法与渠道。

9. 深化市场改革，提高生产要素市场配置效率

一是通过市场化机制确立旅游要素的价格，二是消除旅游要素流通过程中的障碍因素，三是确立旅游市场主体的权、责、利，四是发挥政府对旅游要素配置的监管作用。

2019年文化和旅游宏观决策课题

——一般课题（共15项）

中国传统医药非物质文化遗产国际化发展路径研究

负 责 人：秦昆明
依托单位：江苏海洋大学
起止日期：2019 年 10 月—2019 年 12 月

习近平总书记在党的十九大报告中明确指出："没有高度的文化自信，没有文化的繁荣兴盛，就没有中华民族伟大复兴。"中华民族五千年历史的文明，积淀着高度的文化自觉与文化自信。我国是非物质文化遗产大国，非物质文化遗产是中华传统文化的重要组成部分，蕴含着中华民族特有的精神价值、思维方式和文化意识，其国际化传播对于反对西方文化霸权、提高民族文化话语权乃至对整个经济社会发展具有不可替代的战略性作用。

历史悠久的中华文明孕育了博大精深的中医药文化，中医药凝聚着中华民族独特的自然观念和人文思想，其源于华夏文明的东方哲学思维，崇尚人与自然和谐相处、系统整体的养生防病思想、独特的保健治疗方式等传统文化元素，深深融入人民群众的日常生活中，反映着中华传统文化的本质与特色。中医药作为我国优秀传统文化的瑰宝，不仅是中华民族伟大创造的杰出代表，更是我国文化软实力的重要体现。国家外文局对外传播研究中心在五大洲 22 个国家开展的第五次中国国家形象全球调查（2016—2017）结果显示：中医药继续成为国家形象亮点，47% 的海外受访者认为"中医药"是中国文化的代表元素，占比位居第二。

目前，在非物质文化遗产国际化研究领域，有关传统音乐、传统美术、传统体育等方面的研究较为多见，研究也较为系统和深入，而传统医药类非物质文化遗产国际化研究却较为薄弱，其中一个很重要的原因就是因为其横跨文化和科学两个领域，既有自然科学属性，也有社会科学属性，导致研究难度较大。因此，开展中国传统医药非物质文化遗产国际化研究，对于传播中华传统文化和促进传统医药产业国际化发展，都具有重要的意义和价值，也有利于让传统医药更好地服务于人类健康。

为了系统掌握中国传统医药非物质文化遗产项目的总体状况，本课题系统调研分析了目前传统医药国家级和省级非物质文化遗产情况。截至目前，传统医药国家级非物质文化遗产项目累计发布 4 批，共计 133 项，其中，第一批中传统医药类共 11 项，第二批中传统医药类共 38 项，第三批中传统医药类项目共 35 项，第四批中传统医药类项目共 49 项。通过对全国各省市区传统医药国家级非物质文化遗产分布情况进行统计分析，结果从数量上看，北京市数量最多（14 项），其次是浙江（9 项），再次是新疆（8 项）和西藏（8 项），海南省目前尚无传统医药类国家级非遗项目。由此可见，传统医药类国家级非遗项目在全国的分布差异较大，北京由于长时间是历史上的政治中心，传统医药发展基础好，有历代名医名药资源，所以非遗项目数较多。新疆和西藏作为民族医药的主要分布和发展地区，也有较多的国家级非遗项目，这也充分体现了国家对民族医药的重视。同时，这也充分说明民族医药是我国传统医药的重要组成部分。截至目前，全国 31 个省、直辖市和自治区共有传统医药省级非物质文化遗产项目 676 项。台湾地区和澳门特区尚未开展系统的非物质文化遗产保护；香港特区已经发布的非物质文化遗产中无传统医药类项目。根据统计结果显示：全国 31 个省、自治区和直辖市发布的省级非物质文化遗产项目数量各不相同，其中浙江省最多（833 项），其次为贵州省（830 项），再次为重庆（707 项）、广西（702 项），海南省发布的省级非遗数量最少，仅 86 项。从传统医药类省级非遗数量来看，江苏省数量最多（54 项），其次为内蒙古（49 项）和重庆（45 项），海南省数量最少，仅有 2 项。江苏、浙江为沿海地区文化大省，非物质文化遗产资源丰富，从非遗项目总数或者传统医药类非遗项目数来看，都处于全国的前列。从传统医药省级非遗项目占全部省级非遗项目比例来看，江苏省占比最高（12.53%），其次为天津（10.64%），再次为上海（9.62%），占比较低的三个省分别为河北（1.47%）、海南（2.33%）、辽宁（2.42%）。

本课题对中国传统医药非物质文化遗产国际化现状进行了研究，目前，中医药已传播到 183 个国家和地区，中国已同各国政府、地区主管机构和国际组织签署了 91 个中医药合作协议；与世界卫生组织及 42 个国家和地区开展了 274 项中医药合作项目。从传统医药非遗项目国际化的主要内容来看，主要包括中药炮制研究的国际化、中医药文化传播的国际化、中医临床诊疗方法的国际化、中药产品的国际化推广、民族医药的国际化等。总体来看，传统医药非遗项目国际化的形式和途径多种多样，既包括传统医药非遗国际合作研究、传统医药非遗文化旅游融合研究，还包括传统医药非遗诊疗技术和传统医药非遗产品的国际化等。总体来看，目前传统医药非遗产品的国际化是传统医药非遗项目国际化的主要形式，未来，传统医药非遗临床诊疗服务和文旅融合研究将有望成为传统医药非遗项目国际化的新热点。

本课题针对中国传统医药非物质文化遗产的国际化发展，提出了六大途径，即“一带一路”倡议、文化传播战略、传承创新战略、开发利用战略、文旅融合战略和人才培养战略。通过“一带一路”倡议，搭建传统医药非遗国际合作平台，建立传统医药非遗国际合作中心，助力传统医药非遗国际化发展。通过文化传播战略，深入挖掘传统医药非遗文化资源，加强传统医药非遗国际学术文化交流，重视传统医药非遗国际培训，通过文化传播引领传统医药非遗项目的国际化发展。通过传承创新战略，开展传统医药非遗国际合作研究，探索开展传统医药非遗数字化保护技术，大力推动研究建立传统医药非遗项目国际标准。通过开发利用战略，采用生产性保护策略，充分开发利用传统医药非物质文化遗产资源，开展传统医药非遗产品国际化推广，建立传统医药非遗国际诊疗基地，大力推动传统医药非遗国际服务贸易发展。通过文旅融合战略，推动传统医药非遗文化旅游和国际医疗康养旅游融合发展，打造传统医药非遗国际康养旅游基地。通过人才培养战略，培养传统医药非遗国际化领军人才，大力培养传统医药非遗传承人，高度重视传统医药非遗复合型国际化人才培养，通过人才的引进和培养，带动传统医药非遗国际化发展。通过实施上述六大战略，可以全方位、多途径、多角度地促进中国传统医药非遗项目的国际化发展进程。

本课题着眼当前加快中国传统医药非物质文化遗产国际化发展的现实需求，总结了 6 条政策建议，主要包括：(1) 完善政策机制，形成有利于传统医药非遗国际化的政策体系；制定并完善相关政策，做好传统医药非遗项目的传承和保护，为传统医药非遗项目的国际化奠定基础。(2) 加大金融财税支持，通过市场化推广，以项目为载体，推动传统医药非遗项目的国际化；设立传统医药类非遗项目基金，支持相关非遗项目的国际合作研究和国际化推广。(3) 强化人才队伍建设，针对传统医药非遗项目国际化的需求，培养各种类型传统医药非遗国际化人才，构建适宜人才成长的制度保障体系，助力传统医药非遗国际化进程。(4) 加强组织实施，通过建立“国家—省—市—县”四级传统医药非遗项目保护体系，共同促进传统医药非遗项目的国际化发展；各级政府要针对不同非遗项目的特点，综合采用多种措施，加快促进传统医药类非遗项目的国际化发展。(5) 注重实施产权保护，传统医药非遗项目是祖先留下来的宝贵财富，在其国际化进程中，要高度重视知识产权保护工作，确保传统医药非遗项目国际化过程中，知识产权得到有效的保护。(6) 加快实施六大途径，通过多途径、多渠道、多模式的政策推动，形成有利于传统医药非遗项目国际化立体化网络，为传统医药非遗国际化发展提供强大的推动力。

通过本课题以上研究工作，基本梳理清楚中国传统医药非物质文化遗产的总体现状和国际化发展概况，对中国传统医药非遗项目国际化发展提出了比较清晰的发展思路和战略路径，通过贯彻这些发展战略和政策措施，将有效地促进中国传统医药非物质文化遗产的国际化进程，使中国传统医药更好地为全人类健康服务，具有极其重要的现实意义和应用价值。

多源异构数据融合背景下的城市智慧旅游研究

负 责 人：郑伟民
依托单位：厦门大学
起止日期：2019 年 10 月—2019 年 12 月

自 20 世纪 80 年代以来，城市在旅游业发展中的角色已从“门户”逐渐转变为“目的地”，城市旅游也由此发展成全世界范围内的重要旅游形式。然而，大量游客涌入城市在促进城市经济社会发展的同时，也带来一系列尖锐的挑战。与此同时，旅游业与信息产业息息相关，旅游业与信息技术已呈深度融合之势，信息技术已经渗透到旅游产业的各个领域，极大地推动了旅游业的生产方式、管理模式、营销模式、传播形式以及消费形态的转变，有效促进了旅游业的体制创新、服务创新和市场创新。2015 年，国家旅游局《关于促进智慧旅游发展的指导意见》指出：智慧旅游是游客市场需求与现代信息技术驱动旅游业创新发展的新动力和新趋势。而这其中，旅游大数据无疑是推动智慧旅游的重要支撑和基础。近年来，各种各样的旅游大数据被应用于旅游研究和实践中，这些多源异构旅游大数据为城市旅游研究和实践提供多维度、多层次的视角，为智慧旅游发展注入新的活力和动力，以更科学、更简化、更智慧的方式推动政府管理、企业运营和游客消费决策。

在全域旅游和智慧旅游背景下、“旅游业与城市其他产业高度融合、旅游业与信息技术深度融合”的趋势下，基于多源旅游大数据对于理解游客和居民的“主—客”空间交互关系、分析城市旅游活动与居民生产生活的互动机制，优化城市公共资源配置和规划、促进城市旅游与其他经济社会功能协同发展具有重要意义。

为此，本课题以城市旅游为研究主题，遵循“数据—知识—应用”的研究思路。（1）数据层：在系统梳理当前旅游大数据的类型及其研究现状基础上，总结归纳各类旅游大数据的特征、优劣势和适用的空间尺度，同时分析旅游大数据相关技术的发展对于旅游研究的影响。（2）知识层：围绕“游客”与“环境”这两个核心要素，探讨城市游客分布演化和迁移的内在机制，揭示城市时空环境对旅游的内在作用机制，实现“数据→知识”的迁移。（3）应用层：探讨如何将所发现的知识应用于城市智慧旅游管理、智慧旅游营销和智慧旅游服务的建设实践中，完成“知识→应用”的转化。最后，本研究基于研究的结论给出相关的政策建议。

信息技术的发展，使得精确追溯和记录个体时空移动信息成为可能，大量的游客时空移动信息被采集，形成了时空数据。时空数据能够很好地刻画移动对象在时空环境下的个体移动和行为历史，海量时空数据则蕴含群体对象的泛在移动模式与规律以及演化的内在机制。高质量的时空数据具有重要的社会和应用价值，如认知用户社会活动、优化公共资源配置、提升政府管理和社会服务水平、增强企业盈利能力等。不同旅游时空数据的特征和适用空间尺度往往不同：RFID、蓝牙 /Wi-Fi 数据适用于微观尺度，GPS 适用于中微观尺度，而手机定位数据和用户自生成数据则适用于中宏观尺度的研究。同时，大数据技术的发展对旅游研究也产生深远影响：研究尺度由中宏观向微观尺度拓展、研究对象由群体行为向理解“个体行为—群体行为—旅游系统”转变、多种数据源结合提升旅游者移动行为的研究精度。

旅游活动常被理解为日常生活的溢出，使得旅游研究被认为是社会科学的边缘性学科。近年来，“移动范式”的出现，促使旅游活动被置于社会活动的核心位置，移动性也逐渐成为旅游研究中的核心命题。移动性的概念不仅涉及大规模人群、物体、资本和信息等在世界范围内的移动，也同样关乎日常活动中的局部运动。对于城市旅游移动性的研究有助于更好地理解城市游客行为、有助于揭示城市旅游活动与城市居民生产生活的互动机制，进而有助于优化城市公共资源配置和规划、促进城市旅游与城市其他经济社会功能协同发展。课题综合集成运用管理科学、信息科学、地理信息科学和旅游管理等多学科交叉的方法，基于轨迹数据挖掘设计了游客移动性预测算法和游客分布预测算法，基于动态时间规整算法和陆地移动距离算法游客运动轨迹相似性测量模型。

城市旅游大数据的采集、处理、分析和挖掘，其最终目的在于推动旅游产业的生产方式、管理模式、营销模式、传播形式以及消费形态的转变，促进旅游业的体制创新、服务创新和市场创新。目前，游客大数据已经被广泛应用于城市智慧旅游管理、旅游营销和旅游服务等方面。在城市智慧管理，通过旅游管理信息共享与协同发展，为政府提供一系列数据分析支撑，为管理决策层提供更加直观的决策依据，为挖掘更深层数据价值提供可能，实现城市旅游的前摄性管理、精细化管理。在城市智慧旅游营销，通过旅游大数据将城市旅游服务供应链的各参与方连接起来，实现旅游供应过程中服务流、信息流、价值流的“三流”合一，为旅游智慧营销提供扎实的数据支撑。依托旅游大数据对游客市场细分，可识别出其重点客源市场，便于针对主要潜在客户人群特点进行精准营销及广告投放，最终确定正确的销售模式、客户关系及营销策略等。在城市智慧旅游服务，越来越多的游客倾向于个性化和定制化的服务，而不是标准化、固定化的旅游模式。为此，为游客提供个性化的服务有助于提升游客旅游体验和增强城市的旅游竞争力。这其中，旅游个性化线路设计是旅游个性化服务的重要内容。

基于上述研究，课题总结了如下 4 点政策建议：(1) 城市旅游已发展成为重要的旅游方式。城市旅游已发展成为全世界范围内的重要旅游形式，旅游成为城市经济和社会发展的重要推动力。然而城市在发展旅游过程中也暴露了一系列问题。因此，这就要求城市管理者在发展旅游过程中，要充分理解游客和居民的“主—客”空间交互关系、分析城市旅游活动与居民生产生活的互动机制，优化城市公共资源配置和规划，从而促进城市旅游与其他经济社会功能协同发展。(2) 智慧旅游是城市旅游发展的重要支撑。旅游业与信息技术已呈深度融合之势，二者的融合大致经历了旅游信息化、旅游数字化、旅游智能化和旅游智慧化等 4 个阶段，这 4 个阶段的目标各有不同，分别是：解决效率提升的问题、解决数据融合的问题、解决有效配置和运行的问题、解决平台整合和旅游体验的问题。特别需要指出的是，智慧旅游是游客市场需求与现代信息技术驱动旅游业创新发展的新动力和新趋势。因此，可以将智慧旅游作为智慧城市的重要组成部分。(3) 大数据是推动城市智慧旅游的重要基础。在大力推动城市智慧旅游建设的过程中，大数据无疑是推动这一进程的重要支撑和基础。旅游时空大数据能够为城市旅游研究和实践提供多维度、多层次的视角，为智慧旅游发展注入新的活力和动力，以更科学、更简化、更智慧的方式推动政府管理、企业运营和游客消费决策。(4) 城市智慧旅游的关键在于智慧旅游应用。城市旅游大数据的采集、处理、分析和挖掘，其最终目的在于推动旅游产业的生产方式、管理模式、营销模式、传播形式以及消费形态的转变，促进旅游业的体制创新、服务创新和市场创新。目前，游客大数据已经被广泛应用于城市智慧旅游管理、旅游营销和旅游服务等方面。

在复杂性科学、信息科学、地理科学和管理科学交叉融合形成新领域的形势下，研究城市旅游对于创新、拓展和完善跨学科的旅游管理理论具有重要价值，对于推进旅游科学管理方法论的进步具有突破性意义，对于拓展城市旅游研究视角、丰富和完善城市旅游研究的理论体系具有重要价值。此外，海量时空数据中蕴含的知识是目前智慧城市、城市计算、社会遥感等认识城市行为、优化城市决策不可或缺的因素。通过时空数据挖掘发现隐含的知识，探求深层次的城市动力学机制，也是解决城市交通、城市环境、突发事件应急等重大社会问题的有效手段。而基于大数据的城市旅游研究有助于协调城市旅游活动和城市居民生产生活活动的交互关系，使旅游功能更好地融合到城市功能中，提升智慧城市建设的水平。因此，本课题有助于提升城市旅游管理水平、能够为实现城市旅游功能与其他城市功能融合协同发展提供理论基础和技术支撑。

民宿“本真”与业态可持续发展研究

负 责 人：李勇泉
依托单位：华侨大学
起止日期：2019年10月—2019年12月

近年来，在国家和地方政策的推动下，全国民宿走向“高温”。2016年到2019年，连续四年中央一号文件都明确提出要鼓励、支持、引导民宿发展；在中央一号文件的引导下，国家和地方层面纷纷出台政策，北京、上海、浙江、海南、广东、江西、安徽等省市以及西安、济南、苏州、张家界、厦门等地市相继出台民宿行业相关政策，在政策优惠补贴、民宿申报与监管等方面开通绿色通道，我国民宿发展迎来政策红利期。从中央文件明确鼓励发展民宿到地方政府针对民宿进行政策优惠，我国民宿发展从局部火热发展到全国普遍高温。另外，“有温度生活”的民宿体验成为现代旅游者的热衷需求。改革开放40多年，大众旅游已经走过“有没有”的初级阶段，开始走向“好不好”的中级阶段，旅游者从重旅轻居变为重旅重居，希望旅游住宿能够在满足休息需求的基础上满足情感需求。与传统宾馆饭店业态不同的民宿，以其更个性化服务、更有体验感的住宿产品、更具独特性和人情味的生活方式，向消费者提供住宿产品需求的同时，为消费者提供了一种更具个性化的住宿体验与情感交流产品，受到旅游者的青睐，被誉为“有温度的住宿，有灵魂的生活体验”。然而，由于民宿的小体量、投资总量小、政策扶持力度大导致民宿成为投资风口，吸引大量商业性资本进入。他们以获得政府优惠和经营利润为目的，简单迅速复制民宿经营模式，扩大民宿经营规模，以期获得规模效益，甚至一些民宿经营者完全将酒店的经营模式搬取过来，实行“拿来主义”，忽视民宿本身文化和温度的打造，导致民宿“本真”存在程度降低，顾客在民宿住宿中难以体验到“有温度的生活”，民宿体验“温感”降低，民宿顾客住宿意愿随之降低，民宿业态发展隐患凸显。课题基于民宿发展中“本真”缺失问题，结合当前顾客对“有温度生活”民宿“本真”体验的情况，寻找民宿“本真”缺失原因，为提高民宿顾客体验“温感”，促进民宿业态可持续发展建言献策。

课题主要采用访谈法、网络文本挖掘法和问卷调查法三种方法开展研究，其中：（1）访谈对象包括民宿行业协会负责人、民宿经营者、民宿管家、民宿顾客，共 26 人。（2）运用网络文本挖掘法，共搜集民宿相关评论报道 108 篇，民宿顾客网络点评约 22 万条。（3）采用网络和电子问卷两种形式，共发放 840 份关于民宿顾客住宿体验的问卷。课题通过对我国民宿顾客住宿体验状况进行调查，分析民宿利益相关者对民宿的认知和评价，进一步剖析发现当前我国民宿业态发展存在以下几方面的问题：（1）民宿证照办理困难，多数民宿挣扎于“灰色地带”。在全国民宿发展“火热”的同时，一些区域民宿因消防、卫生等检查不过关，无法办理特种行业经营许可证，无证经营，游走在法律边缘。（2）民宿发展“保温层”建设成效较低。当前民宿管理部门、民宿行业协会以及民宿研究专家各方联系松散，各为一体，导致民宿发展对策制定缺少行业信息和理论指导，维持民宿健康发展的“保温层”构筑成效甚微。（3）民宿经营者物质获得感偏低，精神和情感获得感较为理想。民宿经营者“获得感”包括物质获得、精神获得和情感获得。①在物质获得感方面，超过 70% 的民宿经营者经营收入偏低；②在精神获得感方面，民宿经营者经营民宿的过程中可以增长见识，修身养性，丰富精神世界；③在情感获得感方面，民宿经营者以民宿为平台，通过与民宿顾客互动，能够结交来自各方的朋友，扩大朋友圈。（4）乡村民宿和城市社区民宿发展存在冷热差异。①乡村民宿发展“持续高温”。乡村民宿对推动乡村振兴具有重要作用，受到国家和地方的高度重视和鼓励支持。②城市社区民宿发展开始“降温”。城市社区发展“温度”偏低，政策扶持力度相对较小，部分社区民宿还受到社区居民的反对和投诉，热度降低。（5）民宿“本真”渐失，顾客体验“温感”不高。主要表现在：①民宿“本真”程度降低，顾客体验“温感”随之降低。②民宿体验“温感”随着住宿的深入不断下降。③民宿环境、功能、情感体验“温感”存在差异。环境体验中，感官环境较符合顾客偏好，互动氛围带给顾客的体验感偏弱，民宿顾客住宿环境体验存在“看着很美，住着一般”现象。④功能体验中，设施设备、空间功能难以满足顾客要求，安全问题较为突出，人员服务质量较低，民宿顾客住宿功能体验随着体验的深入不断下降。⑤情感体验中，情感“温度”较低，民宿情感“温度”来源一反常态，主要来源于与在地居民互动，随着住宿的深入逐渐“降温”。

课题在对我国民宿业态发展问题分析的基础上，通过文献查阅以及实地调研，试图剖析上述问题产生的原因。发现主要原因有:(1)民宿的非标特性、监管困难导致民宿证照办理困难，顾客住宿安全感较低。民宿是一个系统工程，涉及公安、消防、旅游、环保、市场监督、卫生等多个部门，多部门之间独立审核，导致当前民宿监管方面出现治安问题、消防问题、安全救援问题以及卫生不达标等问题，直接后果就是民宿难以获取消防检查合格意见书、卫生许可证以及特种行业许可证等证照，其合法性无法得到认可，顾客在民宿住宿过程中心理不安全感增强。(2)民宿发展政产学研合作机制尚未成熟导致民宿发展“保温层”建设成效低。当前，民宿政产学研之间缺乏沟通与合作，导致多方信息沟通不畅，政府制定的政策不一定能够反映行业呼声、政策缺少理论指导、行业发展缺少人才支撑、高校缺少人才培养基地，科研机构研究与民宿现实发展脱节等问题，使得民宿行业发展缺少“保温层”。(3)大量商业资本进入民宿，民宿经营者逐利价值观导致民宿“本真”渐失，“获得感”不高。一些以投资回报为目的的民宿经营者涌入民宿市场后，迅速复制民宿经营模式，扩大民宿经营规模，在民宿投资与营运中弱化民宿主人情感劳动、忽视民宿顾客关注的“有温度生活”和住宿体验中“温感”的塑造，导致业态发展偏离民宿“本真”而呈不可持续。另外，以利益导向型价值观为主导的民宿经营者会因民宿经营效益不好、物质需求无法得到满足，对经营的经济目标期盼无望，从而造成民宿经营者物质获得感知出现负向感知，最后影响其经营行为。(4)社区关系是导致城市社区民宿发展“降温”的重要原因。旅游者入住社区，意味着在原有的社区居民的基础上加入临时流动人口，而这些流动人口与原有社区居民之间共同的利益和意识较低，甚至他们的行为会影响社区居民的利益。社区居民为了维护自身利益，要求社区禁止经营民宿，导致城市社区民宿发展热度降低。(5)民宿概念混淆导致民宿“本真”认知偏差，顾客体验“温感”不高。当前学术界、业界对民宿概念混淆，对民宿概念认知存在“一千个读者，一千个哈姆雷特”现象。经营者对民宿的不同认知，会引导其产生不同的经营行为，能够真正认识并掌握民宿“本真”的民宿经营者会为民宿顾客创造有“温度”的民宿体验，对民宿认知偏差的民宿经营者，无法让民宿顾客感受到民宿“温度”。(6)民宿经营多标准导致业态发展质量不高，顾客体验“温感”较低。民宿在低标准或者无标准的环境下发展，往往会出现两种极端，民宿顾客体验质量不稳定，导致整体上对民宿住宿体验评价不高。(7)民宿规模经营导致情感交流模式化，顾客情感体验“温感”降低。一些民宿在品牌扩张时，完全克隆原有民宿，照搬原有民宿的情感表现和“温度”生产方式，对客服务逐渐流程化和形式化，出现了民宿“情感专业化生产模式”，没有结合民宿所在地的风土人情、民宿主人个性进行打造，使得民宿完全沦落为一种商业产品，传递出虚假情感，顾客体验“温感”较低，民宿“本真”变味。（8）民宿服务缺少专业化人才导致服务水平不高，功能体验“温感”偏低。与快速增加的民宿数量相比，人才供给远远不能满足民宿发展需求。多数民宿是一些小型商业性家庭企业，经营规模小，难以与院校等专业人才培养机构建立联系，进行人才输送，导致民宿人才短缺问题一直无法解决。在这样的经营背景下，民宿经营者不得不雇用一些当地没有服务工作经验、缺少专业化知识技能的工作人员，这些人员需要长期的工作培训和实操才能胜任工作岗位，很难向顾客提供高水平服务，甚至是一些基本的住宿服务也难以满足顾客需求，导致民宿顾客住宿过程中对人员服务满足程度不高。（9）民宿“刷好评”虚假宣传导致顾客体验“温感”随着住宿深入下降。OTA平台“刷好评”的民宿可以通过高好评率将那些实际拥有好评的民宿挤下好评榜进入优质民宿榜首，这些被恶意“刷好评”挤下平台内靠前排名的民宿也会失去让顾客优先选择的机会，民宿顾客也会失去选择真正高服务质量的民宿的机会，可能在虚假好评的误导下选择该民宿，体验名不副实的民宿服务，导致其因期望与现实体验差异过大降低顾客满意度。（10）OTA平台高佣金导致民宿经营压力大，“本真”坚守困难。一些高流量的OTA平台会向民宿经营者收取高比例的佣金，这虽然会为民宿经营者带来高入住率，但是民宿经营者在给付OTA平台高比例的佣金后，可获得的收入和利润都会大额减少。在高经营成本的背景下，民宿经营者为了维持基本经营，很难再投入大量情感经营民宿，导致坚守“本真”陷入两难困境。

课题基于当前我国民宿业态发展中遇到的问题，从多主体视角针对性地提出民宿业态发展建议与对策，以求推动我国民宿业态可持续发展。（1）政府应加强民宿行业进入和经营管控。①健全民宿规章制度，加强民宿质量管理。第一，明确民宿监管主体及联合执法部门；第二，明确界定民宿概念与范畴；第三，明确行业准入范围，设定进入门槛；第四，加强民宿安全监管；第五，完善优化民宿证照办理体系，在此基础上将民宿经营者情感劳动纳入管理范畴，将民宿顾客情感体验纳入民宿评价范畴。②净化民宿市场环境，引导民宿良性竞争。首先，区别分类并规范商业性资本进入民宿市场的行为；其次，针对民宿经营者“刷好评”恶意竞争行为，由民宿管理部门联合市场监督和网络监管部门等加强监管。③搭建人才交流平台，为民宿输送专业化人才。民宿管理部门应加强与大专院校、社会培训机构等专业人才培养单位合作，为民宿经营者搭建人才交流平台。④加快建立政产学研协同机制，共建民宿美好未来。民宿管理部门发挥领导作用，联合民宿行业协会、高校和科研机构，提高民宿产学研合作的广度和深度，强化民宿企业的主体地位，充分发挥高校的人才资源优势，调动科研机构积极参与。⑤协调城市社区民宿多方利益，推动民宿健康发展。针对社区民宿扰民，民宿管理部门可通过限制社区民宿数量、建立社区业主补偿制度等方式维护社区居民利益。（2）行业协会加强民宿经营理念和行为引导。①重视行业标准，引导民宿发展。民宿行业协会应重视现行的民宿行业标准，积极参与行业标准的制定，向旅游民宿相关管理部门反馈民宿行业发展现状以及民宿发展需求，同时向民宿经营者推广现行的民宿行业标准，引导民宿经营者按照现行的民宿行业发展。②加强业内交流，提升专业技能。民宿行业协会应加强业内交流，开展主题研讨会，邀请相关专家共同商讨对策，分享行业成功经验和失败教训。同时组织开展民宿培训班，培训民宿经营者专业服务技能和情感劳动的技巧，向民宿经营者传递民宿“本真”理念。③及时发布行业数据，为政策制定提供参考。各地区民宿行业协会应关注该地区民宿发展现状，尽可能收集民宿发展相关数据，由上级民宿协会进行汇总，及时向社会或者相关管理部门反馈民宿经营发展现状。（3）经营者坚守“本真”，提升体验“温感”。①反思并合理调整职业价值观，积极引导经营行为。逐利价值观的民宿经营者在经营过程要提升热爱和享受民宿生活的理念，注重民宿的长远发展。②真诚付出，让顾客感受更多情感。民宿经营者在与顾客交流时应尽量减少表面表达行为，在情感劳动中使用自然表达行为，以心待人，表达真情实感，以诚待人，摒弃“表里不一”的表面表达，以情待人，提升深层表达行为的能力。③不同阶段，采取正确、有效的情感劳动方式，保持顾客的情感体验。民宿经营者应注意在顾客住宿前、住宿中和离店后以合适的方式进行情感劳动，以保证顾客在住宿的各个阶段都能够有较好的情感体验。④积极参加行业培训，提高专业技能。民宿经营者还应培养不断学习和善于学习的意识，积极参与政府和民宿行业协会提供的各种培训机会。（4）民宿 OTA 平台应加强平台民宿管理，合理收取佣金。①建立严格的民宿准入机制，提高平台民宿质量。OTA 平台在引进民宿商家时，要加强对民宿商家的资格审查，对民宿商家设立基本安全和服务等民宿产品质量门槛，采取惩戒措施保证民宿商家在 OTA 平台的正当经营行为。②完善网络点评管理机制，净化民宿竞争环境。OTA 平台要严格管理网络点评，建立网络点评识别机制，定期定时进行网络点评自纠自查，向 OTA 平台的民宿经营者进行《反不正当竞争法》和《侵害消费者权益行为处罚办法》教育普及。③制定合理的佣金收取制度，与民宿经营者互利共赢。OTA 平台可综合民宿预订量、民宿房价、民宿所在地经营成本等多种方式，按照多获利多收取、少获利少收取的原则制定阶梯式的佣金收取制度。（5）顾客反馈体验“温感”，提升经营者“本真”坚守信念。①及时反馈民宿问题，提升民宿质量。民宿顾客在住宿过程中，发现民宿问题及时向民宿经营者反馈，以便民宿经营者有针对性地进行改进。②及时肯定民宿经营者，引导职业价值观。民宿顾客在住宿过程中，对于民宿经营者好的经营理念、待客行为，能及时点赞，提升他们的精神获得和情感获得，淡化他们对物质获得的追求。③客观点评民宿，提供正确的决策参考。民宿顾客应该客观公正地点评民宿，以真实的体验为依据点评民宿，拒绝以获得奖励为目的进行好评，拒绝当“水军”。

延安革命文物保护与革命精神传承研究

负 责 人：程 圩
依托单位：西北工业大学
起止日期：2019 年 10 月—2019 年 12 月

党的十八大以来，习近平总书记反复强调“革命文化积淀着中华民族最深的精神追求，代表着中华民族独特的精神标识”。2015 年 2 月，习近平总书记来陕考察时指出，“黄帝陵、兵马俑、延安宝塔、秦岭、华山等，是中华文明、中国革命、中华地理的精神标识和自然标识”。2018 年，中共中央办公厅、国务院办公厅印发《关于加强文物保护利用改革的若干意见》《关于实施革命文物保护利用工程（2018—2022 年）的意见》，对革命文物保护与利用提出明确要求。以延安精神为代表的中国革命文化是新时代坚定文化自信的精神支柱和塑造价值共识的思想基础，是坚持“不忘初心、继续前进”的精神财富和力量源泉。抓住时代机遇，贯彻落实习近平总书记关于延安宝塔是中国革命精神标识的重要指示精神，就是要加强延安革命文物保护利用，推动延安革命精神传承弘扬，使延安充分“把红色资源利用好，把红色传统发扬好，把红色基因传承好，让红色精神放射出新的时代光芒”，努力彰显革命文化在涵养社会主义核心价值观，推动中华优秀传统文化创造性转化和创新性发展等方面的时代价值。

一、延安革命文物保护与革命精神传承的必要性与重要性

正如习近平总书记所说：“延安精神是中华民族优良传统的继承和发展，是我们党的性质和宗旨的集中体现。”延安是中国革命圣地，延安革命文化的精髓就在于“延安精神”。作为一种道德情操和精神风貌，延安精神就是“要把坚定正确的政治方向放在第一位，牢记全心全意为人民服务宗旨，坚持解放思想、实事求是、与时俱进，始终牢记‘两个务必’”。这样一种忘我精神和昂扬斗志，是贯穿于党的理论与思想中的精

神气质，是内化在党的优良传统和作风中的灵魂。中共中央在延安战斗、生活了13个春秋，留下了丰富的革命文化遗产，铸造了光耀千秋的延安精神。根据文物普查与实地调查，延安市至今保留有445处革命旧址，承载着“人”“物”“事”等多层面的革命文化要素，共同凝聚成了延安精神的主要物质载体和语境表达。习近平总书记提出“延安宝塔是中国革命精神标识”，延安精神是中华民族的精神家园，要结合新的实际弘扬延安精神，这是对延安革命文物价值的最高总结，也是新时代语境下延安革命文物的核心价值所在。着眼于社会主义核心价值观的涵养，构建延安革命文物的价值体系，突出延安革命文物的精神价值、文化价值、社会价值、经济价值和环境价值，对于弘扬延安精神标识、推动革命文化传承弘扬具有重要的现实意义。

二、延安革命文物保护利用的总体思路与对策举措

目前，延安革命文物保存现状得到有效改善，展示利用水平不断提高，社会教育功能发挥较好。但从整体上讲，在革命文化内涵挖掘、革命精神时代彰显、革命文物活化利用、革命教育宣传传播等方面仍存在不足，与习近平总书记来陕指示精神、延安革命文物保护发展的时代使命，还存在较大差距。

延安革命文物保护与利用，要以习近平新时代中国特色社会主义思想为指导，以开展爱国主义教育、培育社会主义核心价值观为根本，以弘扬革命精神、继承革命文化为核心，坚持全面保护、整体保护，以革命旧址主题彰显、连线成片、连片成区为原则，提炼星火燎原、长征落脚、抗日救国、民主实践、转战陕北、走向辉煌六大主题，建设延安革命文物保护利用十八大连片保护区，实施本体保护、环境整治、技术保护、创新利用与精品展示五大系统工程，构建革命文物保护利用体系，全面推进延安革命文物保护利用。

第一，本体保护。坚持革命文物的历史真实性、风貌完整性和文化延续性的原则，建设革命文物保护利用片区，将更多的低级别和无级别旧址纳入现行保护体系当中，实现延安革命旧址点状保护向整体规划、连片保护的转变。在实践过程中，明确革命文物保护管理范围，明确革命文物空间保护特征，明确革命文物保护管理责任，明确重点革命文物保护措施，并且完善革命文物基础设施。

第二，环境整治。围绕旧址内外环境问题进行整治，包括旧址内部环境改造提升、旧址周边城市环境整治、旧址交通环境整治、不协调环境整治、荒废性破坏环境整治和周边不当利用环境整治等方面。根据旧址及其周边环境现状，有针对性地提出切实

有效的环境整治措施、生态保护措施、风貌协调措施等。

第三，技术保护。技术保护是提升革命文物保护工作的重要手段。积极采用先进科学技术，通过围栏（墙）保护、馆场保护、加固保护、化学保护、监测测报、专项保护等专项措施，提高革命文物保护水平。

第四，创新利用。以不损害旧址保存现状、不改变旧址原貌为前提，创新延安革命旧址利用方式，开展旧址修缮后的二次利用，如打造红色旅游产品、开发革命文化创意产品，打造乡村图书室、文化活动中心、医疗站、乡村第二课堂等，使革命文物保护与革命精神传承同旧址日常管理相结合。

第五，精品展示。针对不同类别的革命文物，通过设施优化、技术创新、文创研发、主题陈展等举措进行精品展示，展示工程以展示管理设施的换代升级、游客交互式参观体验电子化、信息化提升为主，强化革命旧址在信息化时代的宣传与推广，提升延安革命文物利用水平。

三、延安革命精神传承的思路、路径与措施

红色基因代代传。延安革命精神传承，要立足现实，拓宽视野，围绕“延安精神”这一关键主题，以打造“中国革命精神标识”为目标，思想上坚定以“延安精神”为引领的革命文化价值创新，空间上坚持以“延安圣地”为代表的革命文化格局构建，资源上加强以“延安十三年”为基础的革命文化资源整合，通过“历史性阐释、教育性实践、科技性融合、创意性表达、故事化再现、产业化构建、社会化融入、制度性保障”八大路径，紧扣文化的时代性、大众化、世界性和未来性发展规律，进一步发挥延安革命精神在涵养社会主义核心价值观、推动社会主义文化大发展大繁荣、促进中国特色社会主义文化建设、实现中华民族伟大复兴中的时代价值。

在具体实践中，要以“六个一批”示范工程为抓手，弘扬传承延安革命精神，推动延安革命文物保护从本体到精神的转化，从革命精神中汲取传承未来、永续发展的精神力量。

第一，建设一批革命精神传承的示范项目。以重大项目为导向，建设一批革命精神传承的示范项目。以延安宝塔山中国革命精神标识地工程、延安革命纪念地国家5A级旅游景区建设工程、长征国家文化公园建设工程、南泥湾红色文化景区建设工程、梁家河知青文化园建设工程、新时期延安革命精神解读阐释工程等为引领，做好重大示范工程的规划建设，推动创建中国革命精神标识地。

第二，打造一批革命精神传承的示范基地。结合全国中小学生研学实践教育基地、全国青少年革命传统教育基地等的建设，拓展教育功能、创新管理机制、强化基地的对外合作，打造一批革命精神传承的示范基地。

第三，规划一批革命精神传承的示范线路。加大不同规模、不同地域革命文化资源整合力度，以线路连接区域，构建南北贯通、串联周边的红色旅游廊道，规划一批革命精神传承的示范线路。

第四，创作一批革命精神传承的示范作品。紧扣新时代中国特色社会主义主旋律，深入挖掘延安历史上影响中国革命进程的重大事件，创作一批革命主题著作，拍摄一批革命主题纪录片、影视作品，编排一批革命舞台剧，策划一批融入高新技术的实景演出，编写一批革命主题漫画丛书。

第五，策划一批革命精神传承的示范活动。围绕建党、建军、中华人民共和国成立以及革命英雄人物、革命历史事件等主题，策划一系列全国性的纪念活动、文艺体育活动和一批具有标志性的红色文化主题研学与培训活动。

第六，创新一批革命精神传承的示范展陈。充分利用高新技术和数字技术，采用时代性、参与性较强的方式，推动革命旧址与历史文化、非遗文化等融合，创新一批传承革命精神的示范展陈形式。

全域旅游视阈下我国邮轮产业结构优化路径研究

负 责 人：闫国东
依托单位：上海工程技术大学
起止日期：2019 年 10 月—2019 年 12 月

一、绪论

全域旅游的本质要求和关键所在是结构优化。邮轮经济的乘数效应通常可以达到 1∶10，这是世界发达国家注重发展邮轮经济的动因。邮轮旅游是我国旅游业中增长最快的部分，中国邮轮旅游年增长速度平均达 30% 以上，比全球邮轮年增长速度高出 22%，目前我国邮轮产业发展存在结构性失衡问题，导致我国邮轮产业呈现低经济贡献率、低渗透率的特点，邮轮产业结构优化调整已经成为迫切需要解决的重要问题。本课题将邮轮产业的“全域旅游”理解为以邮轮产业系统的空间格局优化来推动邮轮产业结构优化升级，通过梳理我国邮轮产业结构的特点和“瓶颈”，提出优化路径及对策，对于新常态下旅游经济转型升级与提质增效具有重要的现实意义，为构建旅游外交开放新格局，更好地促进我国海洋强国战略和旅游外交战略实施，提供理论指导和经验借鉴。

二、我国邮轮产业结构发展特点

（一）邮轮产业发展大环境良好

全球邮轮投入持续保持增长，全球邮轮游客需求发展迅速。2018—2027 年的 10

年间共有近百艘邮轮在建或拟建，邮轮大型化和巨型化趋势较明显。邮轮运力发展全球布局，不同地区邮轮运力占比差距明显，2018年加勒比海地区邮轮运力占比最大，地中海第二，亚洲占10.4%。

（二）中国邮轮市场发展总体向好

前10年保持高速增长。2006—2011年平均增长率36.74%，2012—2016年平均增长率72.84%，2017年增长率降为8%，2018年进入波动性调整期。母港邮轮艘次从2006年到2018年增长49倍，2019年中国邮轮经济景气指数显示下降速度已比2018年有所放缓，预计2020年市场规模将由2019年的194万人次上升到240万人次，逐步由波谷向上增长。

（三）中国邮轮港口发展百花齐放

一是中国邮轮港口空间发展特点。我国邮轮港口大都分布于东南沿海地带，集聚在三个邮轮圈：①华北邮轮圈，天津邮轮产业发展迅猛；②华东邮轮圈，上海引领全国第一、亚太第一、全球第四；③华南邮轮圈，广州港将成为广州与粤港澳大湾区连通世界重要纽带。

二是中国邮轮港口市场发展特点。不同港口城市的邮轮市场发展状态差异明显。我国排名前5的邮轮港出入境游客量占全国的比重达95%，中国邮轮市场的集中度非常高，且港口邮轮单位载客量也较高。招商局集团参与的邮轮港口5个城市接待邮轮游客数约为419.5万人次，占2018年全国邮轮游客总接待量的85.8%，从港口区域分布看华东、华北市场增速放缓，华南市场呈现显著增长趋势。市场运力和市场份额差异明显，市场运力占比第一为歌诗达邮轮公司，未来我国自主运营邮轮公司投放市场将进一步平衡我国邮轮市场邮轮运营船队运力。

三是邮轮运营收益主要聚焦在线邮轮市场。2018年在线邮轮市场中OTA平台交易额最高，OTA市场中同程旅游和携程旅游占据主导地位，OTA市场向少数平台集中，在平台网站竞争格局中去哪儿和飞猪占据绝大部分市场份额，线下旅行社主要是中国国旅和中青旅主导，线下旅行社网站平台市场分布较均匀，各大旅行社份额相差不大。

四是主要邮轮港口产业要素发展特点。

①三亚凤凰岛国际邮轮母港加快配套服务。2018年5月，海南凤凰边检站自助查验通道正式启用过关约需10秒，2019年1月，三亚海关对荷美邮轮“威斯特丹号”邮轮实施电信检疫，优化检疫监管模式。

②天津东疆保税港区打造我国融资租赁聚集高地。东疆保税、港区已初步形成租赁产业集聚效应，形成较完备的租赁产业体系，随着天津自贸区成立，将充分吸引各类租赁企业进入自贸区，打造我国融资租赁集聚高地。

③青岛国际邮轮母港迎来发展新机遇。2020 年力争达到年进出港游客超过 60 万人次，建成东北亚区域性国际邮轮母港。144 小时过境免签政策及各项奖励补贴新政落地为邮轮运营者带来更多实惠。

④粤港澳三地打造独具特色的邮轮航线。邮轮游艇是粤港澳大湾区世界级旅游目的地的重要支撑，推动形成连通港澳的滨海旅游发展轴线，探索开通香港—深圳—惠州—汕尾海上旅游航线。

⑤上海邮轮全产业要素齐全引领全国。第一，上游邮轮制造已上升到战略层面。外高桥造船将所持邮轮科技 43.4% 股权协议转给中船集团。中船集团签订 2+4 艘 Vista 级大型邮轮制造合同，总价为 15.4 亿美元。第二，邮轮公司集聚上海。嘉年华、皇家加勒比等邮轮公司旗下邮轮以上海作为母港运营，歌诗达邮轮公司、皇家加勒比国际游轮公司均在上海成立外商独资船务公司。第三，下游邮轮配套服务体系逐步完善。邮轮船票试点、上海中船国际邮轮产业园、上海国际邮轮旅游服务中心及配套酒店、邮轮保险、邮轮直通车、邮轮通关便捷条形码、邮轮口岸“混合验放”、游客自助通关查验等服务要素有待进一步提升，以更好地完善邮轮配套服务体系。

（四）中国邮轮全产业链结构日趋完善

一是本土和自有邮轮运营公司初现。“海娜号”邮轮购入、“长乐公主号”邮轮三亚起航、“南海之梦号”客滚轮投入运营、天海邮轮合资公司关闭，本土和自有邮轮运营正在路上，一种为直接购买境外邮轮模式，中船嘉年华邮轮公司购买两艘现有邮轮，另一种为自主建造国产邮轮模式，上海外高桥造船有限公司承接国产邮轮建造“2+2” Vista 级豪华邮轮总价值约 26 亿英镑。招商局重工推动极地邮轮建造，第一艘极地邮轮已于 2019 年 7 月试航成功。

二是邮轮修造均有突破。我国各地邮轮建造形成错位竞争态势，上海华润大东船厂等在豪华邮轮翻新、修理领域积累了经验，在邮轮制造业设计领域，中船集团、招商集团积极参与豪华邮轮的设计建造，在邮轮制造领域，2019 年，中国首制极地探险邮轮“格雷格 · 莫蒂默号”交付，开创“邮轮中国制造”先河。邮轮制造业主要部署长三角地区，上海、南通、舟山形成错位竞争态势。在邮轮制造业的配套领域需加快建立本土化配套产业链。

三是邮轮运营高度集中。我国旅游产业中上游资源更多地依赖于国外寡头结构，下游旅行社包括OTA起到巨大作用。邮轮运营商层面呈现集中度高，邮轮大型化，服务创新程度高等特点，后续需要积极开拓邮轮船供市场。

四是邮轮销售独特的模式。中国在线出境邮轮分销商中，携程、途牛与同程旅游网表现较好，OTA成为邮轮在线市场主力，市场集中度逐渐上升。

三、我国邮轮产业结构发展的瓶颈

（一）产业结构有待优化

一是产业链上游邮轮中国本土建造迫切。在邮轮设计、设备建造上有较高技术壁垒，核心技术团队有待充实，邮轮制造产业链协调有待完善。

二是产业链中游邮轮运营需要提升。我国邮轮供给主体单一，国外邮轮公司垄断中国邮轮市场，中资企业参与邮轮运营的邮轮较少。

三是产业链下游邮轮产业配套基础和服务尚需完善。邮轮港口服务需全面提升，充分完善基础设施，注重游客通关体验，加快邮轮船供业发展。

（二）产品结构有待完善

一是邮轮产品不够丰富。邮轮产品类型单一，同质化明显、产品价格不高，低价竞争频现，迫切需要打造我国邮轮近海邮轮产品，丰富本土邮轮旅游产品。

二是邮轮旅游线路单一且近海航线为主。目前日韩航线占比最大，北上航线占主流地位，南下航线不多，近海短程航线占比超80%，“多点挂靠”、公海游、沿海游、粤港澳邮轮圈游等航线均没有充分开展，岸上游自由行占比较小，南海邮轮圈、沿海邮轮带、周边海岛等新兴市场有待培育发展。

（三）市场结构有待调整

一是外资邮轮占中国市场主体地位。外国邮轮品牌占据市场主体地位，中资邮轮船队规模小，且为单船运营模式，境外直接购买邮轮本土化进程较慢，自主建造国产邮轮模式需要时间跨度较长，与外资品牌邮轮差距较大。

二是邮轮旅游市场地区分布呈现不平衡。客源主要集中在东南沿海，中西部邮轮旅游潜在市场开发力度不大，国际市场游客来源偏少，国际游客比例过低，邮轮入境游低迷状态。

（四）经济结构有待优化

一是经济贡献率依然偏低。经济贡献度区域差异显著，迫切需要调整邮轮产业供给结构，发展本土邮轮公司，我国邮轮产业没有可参考、可借鉴、可衡量、可评价的经济贡献度。

二是邮轮港口收益红利偏少。目前，仅上海和天津邮轮母港实现盈利，邮轮运营模块收益大多集中在线邮轮市场平台，我国邮轮市场价格偏离价值，需要向高附加值环节延伸，加快邮轮供应链模式创新降本增效。

（五）空间结构有待重构

邮轮港口布局需要合理规划。邮轮港口建设数量、泊位大小等缺乏整体规划，区域之间存在相互竞争和替代，华东、华北地区是我国母港邮轮发展主要区域，华南地区增长趋势明显但是港口每年邮轮运营总量不大，新兴邮轮港口有待规划。

（六）人才结构有待提升

一是人才供需失衡问题逐渐凸显。我国邮轮旅游人才的供给速度难以与邮轮市场的增长速度进行有效匹配，需要具备更高层级的素质和工作能力，良好的英语语言沟通能力和技巧，高端技术人才和高级经营管理人才需要迫切。

二是人才管理和发展不均衡协调。邮轮人才信息建设发展呈现不均衡性，邮轮人才管理模式有待转变，没有全国通用的邮轮人才信息平台。

四、我国邮轮产业结构优化目标设想

（一）总体目标

一是总体目标衡量指标。邮轮产业对当地 GDP 综合贡献大于 15%；对区域市场份额综合贡献大于 15%；对新增就业岗位贡献大于 20%；对城镇居民增收综合贡献大于 15%。

二是优化思维导向。全域化思维、供给侧改革思维、市场化思维、产品化思维。

三是总体目标设想。我国邮轮产业打造四个“全球第一”，即全球第一大邮轮旅游市场、全球第一大邮轮母港、全球第一大邮轮港群、全球第一大邮轮经济圈。

（二）阶段目标

一是近期目标（2020—2023年）。市场渗透率达1%，入境邮轮游客占比达10%，邮轮游客年均增长保持50%~60%，邮轮游客量到600万人次，本土邮轮运营占比达5%，邮轮物资配送市场达到亚太第一，邮轮设备国产化率达40%，邮轮经济规模超过500亿元，邮轮母港稳居亚太第一，力争全球第三大邮轮母港。

二是中期目标（2024—2029年）。市场渗透率达1.5%，入境邮轮游客占比例达20%，邮轮游客年均增长保持60%~70%，邮轮游客量达900万人次，本土邮轮运营占比达10%，邮轮物资配送市场达到亚太第一、国际领先，邮轮设备国产化率达60%，邮轮经济规模超过800亿元，邮轮母港稳居亚太第一，力争全球第二大邮轮母港。

三是远期目标（2030—2035年）。市场渗透率达2.5%，入境邮轮游客占比例达30%，邮轮游客年均增长保持30%~40%，邮轮游客量达1400万人次，本土邮轮运营占比达30%，邮轮物资配送市场亚太第一、全球第一，邮轮设备国产化率达80%，邮轮经济规模超过1000亿元，力争成为全球第一大邮轮旅游市场，力争全球第一大邮轮母港。

五、我国邮轮产业结构优化的路径分析

（一）上游推进邮轮高端制造

一是本土邮轮配套产业向全球价值链攀升。发展以邮轮制造设计为核心的高端制造业和配套产业，重点突破豪华邮轮设计建造技术，获取更高比例的价值分配。

二是推动邮轮建造基础科研创新。建立国内邮轮设计研发基地，提高邮轮研发设计建造的综合能力。

三是推动构建邮轮设计建造产业集群。加大投入邮轮产业园和邮轮产业基金实施，联合推动邮轮制造重大研发项目攻关，打造国际级邮轮设计建造产业集群。

四是争取专项邮轮建造财政政策支持。争取国家专项财政金融政策支持，充分利用市级现有专项资金，配套支持符合国家重大科技专项研制保障条件的建设项目，重点支持邮轮关键部件或系统、复合材料和核心工艺研发及应用。

（二）中游优化邮轮营商环境

一是加快推进邮轮市场多主体供应。在邮轮购置、邮轮交易、邮轮船龄延长等方面给予政策支持，大力开展南海邮轮旅游，支持推动发展“邮轮 +”联运旅游产品。

二是积极引进和组建邮轮公司。鼓励企业组建本土邮轮公司，对购置资金进行扶持；扩大外资准入和开放政策；对租船和买船给予低息贷款或者贴息，对经营邮轮码头的港口企业给予税收优惠；增加金融和信贷支持政策。

（三）下游优化邮轮配套服务

一是创新邮轮船供监管模式。简化邮轮货柜过境监管程序，简化过境监管相应流程；推进邮轮船供贸易便利化，扩大邮轮专用保税仓库功能，建议复制推广自贸区相关货物贸易便利化制度。

二是打造邮轮信息公共服务平台。建立国际邮轮物质海关特殊监管区、国际邮轮物质配送中心；推进设立邮轮船供物资专用保税仓库，建立全球邮轮物资供应体系、亚洲邮轮旅游跨境商品交易中心、邮轮政务与商务信息平台配套与服务。

三是加快邮轮产业人才集聚。

①出台优惠政策，吸引邮轮人才加盟。毕业大学生给予“管理培训生”相关岗位给予补贴优惠；高端人才给予岗位和薪资优惠；外籍雇员给予税收优惠和补贴。

②建立邮轮人力资源信息库。建立邮轮紧缺人才体系，发布邮轮紧缺人才供需信息，实现邮轮人才“打包配送”“订单菜单培养”平台。建立邮轮从业人员数据分析中心。实施邮轮人才信息库培育重大工程。实施“邮轮英才 555 工程”、百千万邮轮人才工程、邮轮专业技术人才知识更新工程。

六、我国邮轮产业结构优化发展的对策建议

（一）出台全国和地方邮轮发展规划和政策

一是出台全国和地方邮轮旅游发展规划。加快《中国邮轮旅游发展总体规划》出台，提高已有邮轮港口的使用率和经济效益。

二是加快邮轮产业补贴政策落地。对于邮轮制造、邮轮运营、邮轮服务的重点领域发展和推广给予充分的资金支持、政策引导、补贴落地。

三是常态化我国邮轮产业发展指数和评级。定期发布我国邮轮产业发展报告和邮轮产业发展指数，制定邮轮评价标准，建立邮轮评价分级制度。

（二）加快邮轮产业相关制度创新

一是邮轮投资管理制度创新。提高邮轮总部经济，引导邮轮高端产业创新和融合，利用资本市场吸引资金，深入发展多元化船舶融资市场。

二是邮轮金融制度创新。打造“邮轮融资租赁平台”，享受水上旅游设施融资租赁进口税收优惠政策。

三是邮轮服务贸易协同创新。加快形成“一带一路”邮轮贸易海外市场拓展体系，统筹用好发展专项资金与地方服务贸易专项资金；落实邮轮行业技术先进型服务企业所得税政策增值税零税率或免税。

四是邮轮人才培训配套机制完善。建立和完善国际化邮轮人才培训运行机制、国际化邮轮人才培训监督评价机制、国际化邮轮人才激励约束机制。

（三）加快推动邮轮旅游市场的培育

一是优化邮轮市场供需平衡和市场大环境。加快完善基础设施、配套软实力、服务水平和服务标准，大力支持本土邮轮船队的打造和运营，积极培育本土邮轮品牌，加快优化我国邮轮市场供需平衡。

二是培育邮轮文化，倡导邮轮文化理念。深入发掘和开发邮轮产业文化内涵，提高邮轮文化品位，加快推广邮轮文化扩散，全面培育我国邮轮文化普及，倡导海洋文化、蓝海文化，加快制定邮轮旅游行为规范。

乡村旅游开发模式的减贫效应差异及农民参与能力提升对策研究

负 责 人：沈国琪
依托单位：湖州师范学院
起止日期：2019 年 10 月—2019 年 12 月

乡村旅游是当前我国农村贫困地区脱贫致富的重要模式之一，在完成 2020 年全面脱贫任务中发挥着重要的作用。为了充分了解我国目前乡村旅游开发模式的减贫效应和农民参与能力等方面存在的问题，课题组通过对设在全国 26 个省区市的 210 个乡村旅游扶贫观测点历年报送数据进行分析，结合实地调研等方式，对我国贫困地区村旅游开发模式类型、农民参与能力提升等展开较为深入的研究，并从不同层面给出相关政策和建议。

一、目前我国贫困地区乡村旅游开发模式类型及区域差异

从扶贫带动特点及开发主体属性视角来看，我国目前乡村旅游开发模式主要分为“景区带村”模式、“公司 + 农户”模式、“合作社 + 农户”模式、“能人带动”模式、“旅行社带动”模式等。其中“景区带村”为主要的开发模式，占开发模式数量的 51.2%，“公司 + 农户”模式位居第二，占总开发模式的 15.7%，其后依次为“合作社 + 农户”模式、“能人带动”模式以及“旅行社带动”模式，分别占比为 13.4%、9.4% 和 2.4%，其他模式占比 7.9%。

受旅游资源、区位及经济发展水平的影响，我国不同地区乡村旅游开发模式组成结构空间差异较明显。

（1）东部地区乡村旅游扶贫开发的主要模式为“景区带村”型，该开发模式占

全部开发模式的 58.1%、其次是“公司 + 农户”模式，占比 16.1%，“合作社 + 农户”模式与“能人带动”模式均为 9.7%，“旅行社带动”模式占 3.2%，其他模式占比 12.9%。

（2）中部地区以“景区带村”模式和“能人带动”模式为主，分别占总类型的 55.2% 和 27.6%；“公司 + 农户”模式、“合作社 + 农户”模式以及其他模式分别占比为 6.9%、3.4% 和 6.9%，中部地区乡村旅游开发模式抽样中没有出现“旅行社带动”模式。

（3）西部地区乡村旅游开发模式类型分布较均衡，“景区带村”模式占比 32.3%，在所有模式中占比最大，其次为“合作社 + 农户”模式，占比为 22.6%，接下来依次为“公司 + 农户”“能人带动”这两种模式，分别占比为 16.1%、16.1%，“旅行社带动”模式占比 3.2%，其他类型为 9.7%。

（4）东北地区开发模型类型相对较为单一，“景区带村”“公司 + 农户”“能人带动”三种模式分别占比为 57.1%、19.0%、14.3%，超过了总数的 90% 以上，“合作社 + 农户”模式和“旅行社带动”模式占比均为 4.8%。

二、乡村旅游开发模式的减贫效应评价及差异分析

课题组从经济效益、社会效益、生态效益等视角，采用相应 18 项指标构建了减贫成效评估体系，对不同乡村旅游开发模式的减贫效应进行评估；研究中发现区位因素的对开发模式减贫效应评估影响较大，因此报告分析的结论主要对于同一区位内不同模式独立测算，而后取均值进行比较。乡村旅游开发模式的减贫效应综合测算得知，从优到劣排序为“合作社 + 农户”模式 > “景区带村”模式 > “公司 + 农户”模式 > “能人带动”模式 > “旅行社带动模式”。

（1）经济效应方面，从到优到劣排序为“合作社 + 农户”模式 > “景区带村”模式 > “公司 + 农户”模式 > “能人带动”模式 > “旅行社带动”模式；

（2）社会效应方面，从优到劣排序为“景区带村”模式 > “合作社 + 农户”模式 > “公司 + 农户”模式 > “旅行社带动模式” > “能人带动”模式；

（3）生态效应方面，从优到劣排序为“合作社 + 农户”模式 > “能人带动” > “景区带村”模式 > “旅行社带动”模式 > “公司 + 农户”模式。

三、贫困地区乡村旅游开发中农民参与程度评估

（一）内容层面：开发决策参与偏低，监督发展参与较好

在开发决策、经营管理、利益分享和监督发展四个方面的参与得分排序中，开发决策参与得分值排序第四，监督发展参与得分值排序第一，开发决策参与处于较低水平，具体表现出参与人数有限、参与渠道（相对）单一、参与深度不够等特征；监督发展参与相对较高，具体表现为旅游发展对社区整体环境以及村民生活产生了积极影响，且当地村民旅游参与主动性和积极性较强。

（二）质量层面：效度得分高，广度次之，深度明显不足

在参与广度、参与深度和参与效度三个维度排序中，呈现出参与效度＞参与广度＞参与深度的现象。参与效度得分最高，主要得益于监督发展效度得分比较高，表明村民对旅游发展的正向感知明显；参与广度次之，该维度中参与管理得分较高，表明现阶段村民主要以体力、智力要素参与、介入旅游发展；参与深度得分最低，主要表现在经营管理和开发决策两方面，大多以低层次的旅游商品和服务提供为主，且很少涉及当地旅游发展的决策层面。

四、乡村旅游扶贫中影响农民参与的关键因素分析

影响农民参与乡村旅游扶贫的主要因素有以下四个方面。一是政策和环境。政府需要充分考虑政策公平性、农户受益、二次分配等旅游脱贫政策，在政策引导、资源保护、资金支持、推广宣传方面发挥核心主导作用，同时对乡村原真性自然和人文景观的挖掘、保护资金等方面给予重点支持。二是资源和市场。当务之急是加强乡村旅游整体规划和提升、旅游开发中村集体和村民权益的保护、准确把握旅游市场特征和提升旅游服务品质，着力构建以贫困人口为基础环节的利益联结链，建立完善长期、稳定、相对合理的利益分配机制，包括“统一规划，多开发当地的民族文化与风俗”“旅游收入用于本村建设，保护维修及时跟进”“与村民的合同要带来实质性的好处，开发商建立退出机制”等内容。三是有效参与。要通过乡村旅游从业人员的系统培训，改变农户“等、靠、要”等思想，增强乡村旅游发展中村集体和农户的博弈能

力和受益程度，加快吸引农民返乡就业和示范带动。四是农户持续发展能力。要使乡村旅游发展的经济、社会、文化等综合效益惠及普通村民，尤其是贫困农户，不仅实际增强农户的当期经济效益，更重要的是增强农户长期可持续发展能力，切实提升农户的获得感、满意度和幸福感。

五、我国贫困地区乡村旅游开发模式的选择原则

一是坚持因地制宜原则。虽然上述五种乡村旅游开发模式具有普遍的意义，且操作性也强，但乡村旅游开发地区旅游资源、经济产业区域性特点较为明显。在乡村旅游开发模式选择的问题上，除了参考典型乡村旅游开发模式的普遍意义的基础上，要针对自己的实际情况，对开发模式进行解剖分析，在典型模式的基础上吸收适合自己的元素，促进乡村旅游的发展。

二是坚持阶段性原则。在对乡村旅游市场有了全面把握的基础上，要科学的判断本地区乡村旅游发展处于哪一发展阶段，不同的发展阶段，市场的发展条件是不一样的，所面临的问题也是不一样的。贫困地区乡村旅游发展，多数处于初期阶段，对于乡村旅游发展面临的主要问题可能是资金和发展定位的问题，而在发展中期可能面临的主要问题是如何扩大品牌效应，到了发展的成熟期，创新旅游产品保持旅游产品的吸引力就成为开发经营者考虑的首要问题，因此，对乡村旅游发展阶段的科学把握是正确选择开发模式的前提。

三是坚持可持续发展原则。乡村旅游开发是要考虑经济、社会、环境三方面的综合效益。乡村旅游资源同其他旅游资源一样，都存在着脆弱性，在开发过程中如果没有树立生态意识和可持续发展意识，杂乱无序的开发无意识中便会损害破坏乡村旅游资源。因此，必须要避免可预见的破坏性，将保护贯穿于开发之中。在资源开发中，要平衡开发与保护之间的关系，在可持续发展思想的指导下推动乡村旅游资源的合理开发。

四是坚持重点开发原则。资源要素的有限性要求在乡村旅游资源开发过程中，必须要有计划、有步骤、有重点地开发。从总体来看，贫困地区经济社会发展程度还比较低，在发展乡村旅游的过程中，并不能有足够的资金和人力进行全盘开发。因此，在全面布局的前提下，优先选择具有优势性和代表性的乡村旅游项目进行开发，尤其是要重点开发当前市场反映较好的旅游项目，通过有重点的开发，打响当地乡村旅游名片，再带动全区域乡村旅游资源的综合性开发。

五是坚持农民主体原则。农户不仅仅是乡村旅游开发的主体，也是乡村旅游资源的组成部分，切实保障农户的利益，同时也有力地保障了社会经济的发展。只有农村发展好了，才能为乡村旅游的发展提供坚实持久的支持，因此，在乡村旅游开发模式的选择上，要切实保障农户的利益。

六、乡村旅游扶贫开发中农民参与能力提升的政策建议

一是培育参与意识，激发内在参与动机。经济效应感知是村民旅游参与意愿的核心驱动力，通过增强村民旅游扶贫与自身脱贫致富关系的认知，调动村民的旅游业参与积极性。充分让村民感受到旅游扶贫对经济发展和个人收入的促进作用，通过经济收益的吸引作用，激发村民发展的内在动力，具体可以从典范引领、乡村精英带动两方面入手。

二是加强能力建设，整合提升乡土知识。能力建设是村民参与的关键所在，但需要以村民自身所具备的知识体系为基础，进行系统化的整合、提升与融合建设，才能形成具有价值转化能力的内生知识体系，促进村民自主发展软实力的提升。具体可通过乡土知识体系的整合建设、多渠道培训教育、乡土文化与旅游特色产品的认证与保护等方面入手。

三是提升人地依恋，强化地方认同建设。一方面，应着重强化旅游扶贫村的“地方性”元素建设，在进行基础设施建设和村貌改造、旅游特色产品与商品的设计时，融入地方文化元素，坚持对地方传统风貌与代表性建筑、设施与地方文脉的保护与传承，延续地方场所感，以标志性元素与建筑设施的建设与塑造，营造“地方性”环境氛围，引导贫困人口的情感注入；另一方面，注重村民公共活动空间的开发与设计，通过提供开放性的休闲交流空间，开展经常性的社区互动、宣传教育等活动，促进村民之间的联系与交流，增强村民间的人际关系与村民情感。

四是丰富参与方式，提高农民收益水平。村民内生动力的推动需要有切实可行的旅游业参与渠道，才能实现贫困人口参与意向到参与行为的有效转化，最终通过参与式发展实现旅游经济收益，因此，扶贫地区需要通过多维度参与途径，进行多渠道、多样化的有效参与，包括以旅游产业价值链为线条的多渠道融入以及以特色旅游产品为媒介的多样化参与。

五是积极借助新媒体，建构有效营销模式。目前乡村旅游扶贫村市场知名度较低，旅游产品与服务不能够被市场认知和消费，村民作为旅游扶贫经营主体，营销推广存

在零散性和弱势性的问题。而当前我国已经进入自主旅游时代，全民网络化、旅游市场散客化以及旅游个性化、深度化的体验需求不断升级，以互联网和移动终端设备为代表的新媒体凭借高透明性、互动性和社交性的特点，成为旅游业界宣传推广的主流媒体，旅游扶贫要积极借助新媒体的传播作用，以自主旅游新时代为市场导向，构建专用共享新媒体营销平台，实现旅游扶贫互联网营销运作模式。

国际公共图书馆经验视域下的公共文化与社区融合发展研究

负 责 人：王翩然
依托单位：南开大学
起止日期：2019 年 10 月—2019 年 12 月

党的十八届三中全会以来，构建现代公共文化服务体系是建设社会主义文化强国、增强国家文化软实力的重要举措。现代公共文化服务体系以基层为重点，旨在促进城乡基本公共文化服务均等化。人民群众是公共文化服务的对象，社区是人民群众的基本组织形式。因此，公共文化与社区联系紧密，公共文化与社区融合发展是社会所需、人民所需。探索适合我国公共文化与社区融合发展的契机、路径、可持续发展思路，服务于我国文化和社会发展政策的制定，从而指导公共文化发展和社区建设发展的实践，是文化发展的必然要求，更是当今我国社会发展迫切需要。公共文化与社区融合的落脚点在于现代公共文化服务体系的建设。公共文化服务体系中，公共图书馆服务体系以其纵贯中央、省 / 自治区 / 直辖市、市、县、乡镇 / 街道、村 / 社区六级的服务体系，在促进城乡基本公共文化服务均等化方面发挥了重要作用，成为公共文化服务体系重要组成部分。组成公共文化服务体系的公共图书馆是推动公共文化建设发展的重要动力。因此，探索公共文化视野下的公共图书馆与社区融合发展是促进公共文化与社区融合发展的重要环节。

国际社会中，公共图书馆作为公共文化的代表，积极探索与社区融合的路径，其中不乏优秀的实践经验。国际图书馆协会联合会（以下简称“IFLA”）的国际图书馆营销奖（International Library Marketing Award）旨在鼓励图书馆对服务与产品向所在社区进行推广与营销，自 2002 年开始已经举办 18 届，评选出了近 200 个世界各国各类型图书馆与社区融合的优秀项目，包含大量公共图书馆与社区融合发展项目。这些成功案例将公共文化建设、社区发展、营销推广以及跨领域融合建设融为一体，这些经验对我国公共文化与社区融合发展具有重要参考价值。基于此，本课题组对国际公共图书馆的优秀营销案例进行分析，提取公共文化与社区融合发展的经验模式，以期为我国的公共文化与社区融合的宏观决策提供依据。

课题组首先梳理了本研究涉及的核心概念。发现在我国公共文化服务的语境下，对公共文化清晰的界定是较为缺失的。合理的推测是，公共文化可以理解为公共文化服务的内容，通过公共文化设施、公共文化服务体系提供。对于“社区”的定义，不仅学术领域与行政领域具有较大的差异，不同职能的行政部门之间对社区的定义也不尽相同。课题组采纳学术界对社区共识性的理解，即以社会互动、地理区域、共同关系三个特征对社区进行界定。随后，课题组对相关研究进行了回顾。公共图书馆在社区建设中一直起到积极的作用，包括助力社区建设、发展社区居民的社会资本、促进社会包容。同时对营销理论与图书馆的营销进行了梳理，其中国际图书馆倡导的系统营销对于提升营销效果起到了积极的作用，包括识别用户的需求，将用户根据相似的需求分组，为各组用户开发具有适宜花销、合适传播场所、有推广信息的产品，评估营销项目四个步骤。

研究的前期工作结束后，课题组正式开展研究。首先对研究目标进行确定，包括社区类型及特征的识别、公共图书馆与社区融合契机的分析、公共图书馆与社区融合路径的分析、公共图书馆与社区融合的可持续发展经验分析。课题组根据 IFLA 官方网站上公开发布的 2002—2019 年国际图书馆营销奖的获奖名单进行资料收集，依据研究范畴清洗资料，最终得到 48 份可供分析的获奖描述作为案例资料。

研究发现包括：（1）识别出三种社区类型及其特征，包括：①以地理位置为特征的人群。该目标群体的特征依据地理位置识别，一般以图书馆作为中心，其服务范围内的居民均为营销对象。②以人口学特点为特征的人群。该目标群体的特征依据人口学特征识别，如年龄、社会经济地位等。③以行为模式为特征的人群。这一目标群体的特征依据其主要的行为特征模式识别，如生活方式、使用图书馆的方式等。（2）总结出公共图书馆与社区融合发展的契机，包括：①发展用户。大部分的图书馆实施营销活动的目的是挖掘潜在用户、扩大图书馆的用户群体，这一目标往往落实到提升图书馆持证用户数量的具体可量化的目标上。②帮助用户解决困难。一些公共图书馆的营销项目直接帮助特定群体（一般为弱势群体）解决特定的困难，从而宣传图书馆。③发展读写技能。提升用户的读写技能是公共图书馆天然的使命，因此，大量的公共图书馆将这一使命融入营销活动，以发展用户的读写技能为契机开展营销项目。④提升信息素养。随着时代发展，公共图书馆将提升公民信息素养列为自己的职责之一，因此出现了大量公共图书馆以提升公民信息素养为目的的营销活动。⑤宣传图书馆服务。图书馆通过营销活动宣传不为大众熟知的已有功能，或推广新的服务。⑥重塑图书馆形象。在信息社会，图书馆的功能与服务已经与以往有很大不同，而公众对图书馆的印象却往往停留在过去，因此，2010年后出现了大量以重塑图书馆形象为目标的公共图书馆营销活动。⑦促进信息接入。公共图书馆一直是维系公共服务均等化的机构，在当今信息成为资源而信息资源配置不均的社会背景下，公共图书馆促进信息接入成为新的消除信息不平等、促进公共服务均等化的手段。⑧协助社区建设。公共图书馆为社区提供一个平等交流的场所是国际共识，公共图书馆通过营销活动巩固了社区中心的形象，直接或间接为社区发展提供助力。（3）提炼出公共图书馆与社区融合发展的路径，包括：①借助主流媒体宣传。公共图书馆在营销活动中多采用当地的主流媒体作为宣传，采用电视、报纸、广播等迅捷且传播广泛的媒体形式。②通过社交平台扩散。大量的营销项目在国际社交平台Twitter和Facebook上建立专属页面，利用这些新媒体平台便捷、高覆盖率的特点广泛传播营销项目。③采用实体展示。除在传统媒体、社交媒体上的传播，众多的图书馆也注重有形的实体展示，包括宣传资料手册、传单等印刷广告和公共汽车站、宣传板等户外广告。④鼓励公众参与。一些公共图书馆的营销项目呈现出公众参与的特征，公众不再被动地接受图书馆的营销，而是通过主动参与进来，使活动变成营销的一部分，实现与公共图书馆的共同营销。⑤发挥明星效应。邀请知名人士参与图书馆活动、为图书馆代言，或借助明星的影响力宣传图书馆也是营销的有效途径。⑥重视联合营销。联合营销的策略多见于公共图书馆与其他机构合作进行营销的情况。（4）总结出公共图书馆与社区融合的可持续发展思路，包括：①量化评估营销活动效果。量化的营销效果评估标准有助于营销方实时掌握活动开展的进度，及时调整项目，同时有助于上级机构或利益相关者直观地了解公共图书馆的作用，提升资助的信心与力度。②列入战略规划。公共图书馆非常注重战略规划的制定与执行，各馆会严格遵照战略规划开展服务。③打造有生命力的产品。一些公共图书馆的获奖项目是推广新服务、新产品，这些有生命的服务与产品的良性发展可以使公共图书馆与社区融合得以持续。④形成品牌持续的影响力。品牌传递着图书馆的形象，有助于得到读者认同，吸引社会各界资源支持，实现与社区的良性互动与可持续发展。

基于对IFLA国际图书馆营销奖获奖项目的搜集、整理与分析，本课题组提取了一些公共文化与社区融合发展的思路，以期为我国公共文化与社区融合提供对策建议。

第一，应重视话语体系的建设与融合。想要真正实现公共文化与社区的融合发展，而非简单的“结合”，需要对若干体制机制层面的话语（discourse）进行反思，以突破话语层面的壁垒，通过话语体系的融合促进行政体制机制与实践的融合。本研究识别出话语体系融合方面的三个困难，包括对“公共文化”缺乏明确的定义，对“社区”的定义存在行政与学术话语、行政部门之间的差异，我国的公共文化与社区融合发展话语体系与国际存在差异。这些问题使得我国行政领域的“公共文化”“社区”之间的话语难以相融、也使得当讨论“公共文化与社区融合发展”议题时，难以从学术领域、国际同行处直接借鉴完整经验，在与国际相关事务的对接中产生偏差。因此，需要对核心概念进行梳理与统一，并通过政府文件、实践等方面的巩固，构建一套融合了公共文化与社区发展话语的话语体系。

第二，采用系统营销思维实现公共文化与社区融合发展。系统营销思维包括识别用户的需求，将用户根据相似的需求分组，为各组用户开发具有适宜花销、合适传播场所、有推广信息的产品，评估营销项目四个阶段。结合本研究的发现与研究目的，本课题组提出实现公共文化与社区融合发展需要考虑:（1）把握公共文化与社区融合发展的契机，包括：满足用户的需求，满足公共文化事业发展的需求，满足社区发展的需求，满足社会迅速发展的需求。（2）开拓公共文化与社区融合发展的路径，可以从树立品牌意识、开展品牌营销，借助媒体宣传、注重有形展示，注重用户参与、综合多方力量等方面着手。（3）保证公共文化与社区融合的可持续发展，需要注重整体、做好长远战略规划，量化评估营销活动效果，建设专业公共文化服务人员队伍。

第三，公共图书馆可以成为公共文化与社区融合发展的有力抓手。这是因为公共图书馆作为公共文化的代表具有政策上正当性，具有总分馆制等制度上的优越性，具有大量的营销实践经验。我国的公共图书馆能够以国际化的视野、缜密长远的规划思维、专业化的知识、系统营销的经验、有效执行的能力，切实推进公共文化与社区融合发展的任务。

综上所述，基于对国际公共图书馆营销案例的分析，本研究对公共文化与社区融合发展思路进行了梳理与讨论，为公共文化服务的开展、公共文化与社区融合发展等宏观决策的制定提供科学、有效的支持。

外国人入境旅游：市场动态与促进政策

负 责 人：刘祥艳
依托单位：中国旅游研究院（文化和旅游部数据中心）
起止日期：2019 年 10 月—2019 年 12 月

2018 年，中国旅游服务贸易出现真正意义上的逆差。不仅出境旅游支出超过入境旅游收入，出境旅游人数也超过入境旅游人数，从中央到地方更加意识到提振入境旅游的重要性。除了经济层面的考虑，入境旅游作为向世界人民展现中国文明文化，分享中国经济发展成果的重要媒介，也更加受到重视。

提升入境旅游工作的关键在于促进外国人入境旅游。过去 30 多年来，外国人入境旅游在入境旅游市场上的比重呈持续上升趋势，其近 5 年的年均增速为 3.7%，高于同期入境市场整体（+2.4%）。在港澳台市场增长潜力有限的背景下，外国人入境旅游市场更具增长潜力和活力，是提振我国入境旅游的主战场。从国际可比较的统计口径来看，扣除无须签证或签注的港澳台入境游客后的外国人入境旅游才能与其他国家的入境旅游进行真正意义上的比较，外国人入境旅游市场规模的大小直接反映了我国在国际旅游市场上的地位和吸引国际游客的能力。可见，促进外国人入境旅游是提升我国旅游国际影响力的必然要求。

外国人入境旅游市场规模保持相对较快增长，是拉动入境旅游市场增长，保障入境旅游收入增长的主力。2018 年，我国接待外国游客 3054 万人次，其中，外国过夜游客 2364 万人次，分别同比增长 4.7% 和 5.2%，明显高于入境及入境过夜旅游市场整体的增速（1.2% 和 3.6%）。预计 2019 年全年，外国人入境旅游市场将继续保持相对较快速的增长态势。从国际旅游收入来看，来自外国游客的消费是缓冲我国旅游服务贸易逆差的根本途径。外国游客花费增速持续高于入境旅游收入整体。2018 年，我国实现入境旅游收入 1271 亿美元，其中的 731 亿美元来自外国游客花费，同比增长 5.1%，高于入境旅游收入的整体增速（3%）。虽然外国人入境旅游市场占比较低，但其对入境旅游总收入的贡献持续增长，到 2018 年，这一贡献接近 60%，达 57.5%。预计 2019 年外国游客花费将继续保持较快增长，且对国际旅游收入的贡献进一步提升。

在确定研究对象的基础上，课题组基于市场的宏观面分析及消费主体和市场主体的微观面分析，提出外国人入境旅游市场的促进政策。总体而言，本研究沿着从宏观到微观，从问题到策略的思路展开。具体沿着“外国人入境旅游市场发展环境→重点客源市场选择→外国游客诉求→入境旅游企业经营痛点→对策建议”的具体思路逐步展开。

首先，课题组基于外国人入境旅游发展面临的国际和国内环境，即国际政治经济形势、周边旅游目的地竞争态势、国内旅游市场整体情况及政策环境等，分析外国人入境旅游市场面临的挑战和机遇。我国（外国人）入境旅游面临着来自国际政治经济形势不稳定、周边旅游目的地竞争激烈、国内旅游便利化程度不高等挑战。但与此同时，全球入境旅游市场持续繁荣，为我国的外国游客接待营造良好的国际环境。国内各级政府陆续出台相关政策，对（外国人）入境旅游发展的政策支持力度加大。文旅融合发展通过产品创新、目的地营销及人才培养等方面为促进外国游客到访提供新动力。整体来看，在文化融合发展的新时期，随着各项促进政策的带动，外国人入境旅游市场面临的机遇大于挑战。

其次，课题组基于已掌握的旅游统计数据，筛选出重点客源市场，将其锁定为海外旅游目的地营销推广工作的优先对象。具体而言，课题组基于全球国际旅游主要客源市场、中国主要客源市场、各客源市场来华历史数据及其来华占出境市场比重等指标初步筛选出两类需要优先关注的客源市场——“问题客源市场”和“潜力客源市场”。前者为近期来华旅游增长有限，来华旅游人数低于历史峰值的客源市场，典型代表为日本和俄罗斯；后者为来华游客规模占其出境市场比重相对偏低，但其出境旅游及来华旅游增长潜力还有待进一步挖掘的客源市场，典型代表为印度和德国。

再次，课题组将研究视角从宏观转向微观。分别从消费主体和市场主体的视角出发，提出促进外国人入境旅游市场的相关建议。课题组基于中国旅游研究院的入境游客消费行为调查以及中国旅游研究院与谷歌联合开展的入境游客行为与态度调查的结果，初步分析我国海外旅游目的地营销工作的方向：（1）受教育和收入较高的中青年群体是海外目的地营销的目标客群；（2）自由、品质与体验应是旅游产品营销的关键词；（3）在信息传播过程中，注重口碑营销的同时，也要普及基础实用信息；（4）响应外国旅游诉求，提升旅游便利度和舒适感。

市场主体是服务终端外国游客的直接对接者，在创新旅游产品和服务设计，提升外国游客满意度及重游率等方面发挥着无可替代的作用。在旅游目的地营销工作逐步完善的同时，外国人入境市场的繁荣同样离不开市场主体发挥积极作用。课题组的调查发现，从事入境旅游业务，尤其是外国游客接待业务的典型市场主体——旅行服务商更加多元，除了传统旅行服务商外，出现更多为细分市场提供精细化服务的旅行服务商，不断创新商业模式。未来，进一步激发市场主体的活力，需要在市场监管、市场准入、产业政策等方面更好地响应市场主体的诉求，为其营造良好的经营环境。

最后，促进外国人入境旅游市场的持续快速增长不仅需要国家层面的政策支持，更需要保障游客满意度的相关配套公共服务的持续完善。基于以上宏微观层面的分析，课题组从政府政策和公共服务两方面提出外国人入境旅游市场的促进政策。

（1）继续推进签证便利化，提升外国游客的可进入性。在保障国家安全和利益的前提下，继续提升签证便利度，如签证手续及通关流程的简化、签证费用的降低、灵活的签证政策等，积极探索和研究建立电子签证申请系统等。

（2）探讨证件便利化应用，提升外国游客在华旅行便利度。以 2019 年 5 月国家移民管理局联合 15 部委印发的《关于推动出入境证件便利化应用的工作方案》为契机，探讨将此政策延伸至外国人证件在华便利化应用领域。

（3）基于客源市场研究开展旅游目的地营销与管理。与专业化的营销推广机构相比，我国国家旅游目的地推广机构除了存在体制机制、工作方式、创新不足等问题外，当前需要解决的首要问题是目的地营销工作第一个环节——市场需求分析的缺失。

在有限财力、人力的约束下，首先要对客源市场进行“三六九等”的划分，将精力集中于需要优先关注的客源市场。建议在国家层面从前 20 大外国客源市场中筛选 3~5 个最重要的客源市场，在 3~5 年里给予优先关注，并根据最新的数据指标对其进行适度调整。对地方而言，可根据自己的现实情况，将优先关注客源市场数量压缩到 1~2 个。对不同类型客源市场而言，营销工作重点不同。对于“问题客源市场”，需要通过更深入的市场调查和游客满意度监控，对客源市场做进一步的细分，推广相应的旅游产品。对于“潜力客源市场”，工作的重心是通过各种方式的信息传递和活动，使当地居民熟悉中国旅游，提升中国旅游在其眼中的吸引力。

对不同层级的旅游目的地而言，其营销工作侧重点也不同。在国家层面，目的地营销工作的核心在于旅游目的地品牌的打造和维护，提升中国旅游品牌的知名度，并在不同的客源市场针对不同的细分市场进行相应的品牌推广活动，传达其感兴趣的中国魅力，传递中国的友好和善意。如果说国家层面的目的地营销更偏向“写意”，省市层面的旅游目的地营销则更加“写实”，目的地营销推广活动更加聚焦，目标客源市场更加细分，这需要更加详尽的市场研究为支撑。

除了传统的调研方法外，可以尝试利用大数据来获得市场需求信息。如新加坡采取的方式：向随机抽选的入境游客发放智能手机，给予免费上网、App 使用、优惠券等鼓励其参与调查，由此获得入境游客的移动轨迹，识别游客偏好，直接为完善旅游产品设计及目的地规划提供真实可靠的数据支撑。

（4）规范工作流程，创新营销活动内容及方式。形成市场研究—营销活动开展—营销效果评估—评估效果反馈的闭环管理。不断创新海外营销推广内容、方式和渠道。在宣传推广活动内容方面增加创意，密切同本国及客源国旅行商之间的联系，更多地基于社交媒体及 UGC 平台与潜在客源市场进行双向的信息传递。

（5）重视文旅人才培养，向外国游客传递中国文化，潜移默化地讲好中国故事。在文旅融合发展新时期，文旅人才的培养首先需要针对相关人员进行定期及不定期培训。这包括对游客服务中心工作人员、行业从业人员以及在岗在职入境导游及非遗传承人等的专业培训。除了职业培训，还可鼓励有条件的院校培养复合型人才，为外国游客接待提供后备人才。此外，在产业发展实践中，还可以大力推行“干中学”的人才培养方式，允许企业直接聘用文化历史及艺术领域的相关专业人士，服务于外国游客的文化旅游需求。

文化金融制度设计与政策体系研究

负 责 人：刘江红
依托单位：中国传媒大学
起止日期：2019 年 10 月—2019 年 12 月

随着文化产业作为战略性支柱产业的地位日益突出，文化与金融通过不同领域的资本市场加强深度融合，以金融强化文化产业发展基础，激发产业活力，扩大产业规模，已经成为推动文化产业发展的重要动力。本课题立足我国现有的文化金融发展基础，遵循问题导向，通过支持文化金融发展的宏观制度设计和政策体系研究，加强顶层设计，聚焦重点领域，力图构建金融资本与文化产业有效对接的长效机制。

研究报告通过分析我国文化金融制度建设与政策体系的现状，对比主要发达国家文化金融的制度特征和政策经验，提出我国文化金融发展存在的问题，并以关键问题为出发点，重点解决以下四个问题：

第一，解决无形资产流转市场尚待完善的问题。文化企业融资难的核心问题之一是未能建成无形资产的流转市场。在基础性制度不健全的环境下缺少市场认同的无形资产评估体系，虽然包括政府部门及大型企业在内的相关机构都在致力于无形资产交易平台的建设工作，但是在无形资产认定、评估、登记、抵质押、流传等流程不畅通的情况下，成效微弱。

第二，解决文化金融融资方式发展不平衡问题。中国的金融模式是以信贷金融市场为主导的金融模式，商业银行信贷类融资是我国市场融资结构的主体。同时，不同行业、不同规模的文化企业之间的融资可获得性也极不均衡。大型文化企业拥有大量的固定资产且信用资质优异，其融资能力强、渠道广，甚至出现融资过剩；而成长性好的中小微文化企业因其无形资产一时无法被市场接受，普遍存在融资难、融资贵现象。

第三，解决文化金融综合统计制度尚未建立问题。文化金融是以跨市场、跨机构资产管理产品为代表的交叉性金融创新产品，但金融统计分散在各行业监管，数据收集、信息统计、风险监测等没有形成统一标准，缺乏统筹协调。现有的金融统计手段存在时效滞后问题，数据“条块化”“琐碎化”“片段化”，难以满足融资需求。

第四，解决文化金融服务平台建设滞后问题。目前，我国尚未建立起一个机制完善、运作灵活的文化金融服务平台，在实际运作中仍无法解决投资方与项目方之间信息不对称的问题。信息渠道不够畅通，投融资双方获取信息的成本较高，在一定程度上制约着文化金融的发展。

结合实际分析我国文化金融发展存在的问题后，本研究认为，在我国当下文化金融工作的推进中，最大的问题并不是政策缺位，从中央到地方对推进文化创新、金融创新、文化与金融融合都有出台一系列的政策，但是这些政策的真正使用或者有效转换率不高，其根源在于文化金融政策的协调性、周密性、针对性和配套性尚显不足，只有注重文化金融相关政策资源的集成，将财政政策、产业政策、行业政策、金融政策结合起来，才能形成真正的政策动力。

在制度运行和政策执行中，要着力破除体制性障碍，加强各职能部门之间的协调配合，发挥专业部门的作用，搭建全方位、多层次的文化金融政策评估指引平台，对各级和各部门的文化金融政策进行整合、评估，才能增强文化金融政策的协同性、开放性和共享性。

本研究从文化与金融融合的合理切入点入手，提出为促进文化金融发展：在制度设计层面，应坚持政府主导，市场运作。构建科学的文化金融制度范式，核心是处理好政府与市场的关系，充分发挥市场主体作用，提高资源配置效率。政府加强政策、规划、信息指导，强化制度建设和市场监管，为文化金融合作发展营造良好市场环境，建设良好的文化金融创新环境，形成文化金融创新的体制架构。在政策体系层面，应坚持问题导向，综合集成。推动文化金融政策的综合集成，加大文化企业信息的全面汇聚，推动政府管理创新、文化金融服务创新和政策体系创新。强化金融服务文化产业发展的基本功能，健全适应文化产业投融资需求的多业态金融支撑体系，将文化金融合作贯穿到文化产业发展的核心环节，切实提高文化金融综合发展的质量与效益。

基于以上分析，本研究文化金融政策制度供给、文化金融产品与服务供给、文化金融建设主体供给等多方面分别提出了促进文化金融发展的八项工程。第一，文化金融开放协同提升工程。全面服务“一带一路”倡议等国家重大战略，为文化企业发展提供跨境、跨区域金融服务，大力提升文化金融外向度和国际化水平。第二，文化金融专营机构集聚工程。打造专业型多业态文化金融组织体系，优化文化金融生态环境。

制定资金、财税、土地、人才等先行先试政策，培育、引进适应文化产业融资需求特点的文化银行、文化融资担保、文化融资租赁、文化小额贷款、文化投资基金、文化信托、文化保险等文化金融专营机构。第三，文化企业信用评价深化工程。加强文化企业信用评级体系建设，构建文化企业信用评级体系，解决文化行业基础信用缺失问题，实现以信用促融资。规范发展，培育专业的文化信用评级权威机构。第四，文化资产管理体系示范工程。构建文化资产管理体系，引导、规范文化企业无形资产管理，探索针对性、统一化的无形资产评估标准，解决文化资产定价和文化产权交易流转问题。完善定价机制和风险控制体系，构建完备的要素流通市场。第五，文化金融普惠服务推广工程。支持各类文化金融机构发展面向中小微企业、文化产业从业人员的低门槛、微利化、个性化的金融服务，加大文化金融对文化产业发展薄弱关节的支持力度；积极引导各类文化普惠金融服务机构借助现代技术、降低交易成本，延伸服务半径，拓展文化普惠金融的服务广度和深度，助力缓解小微文化企业“融资难、融资贵”问题。第六，文化金融证券市场升级工程。充分发挥资本市场作用，积极探索文化企业与债券市场的有效对接机制，丰富文化产业债券、资产证券化产品系列，补足文化债市短板，健全文化企业全融资功能。第七，文化金融机构联动促进工程。构建文化金融建设主体协同联动机制，探索文化金融综合、创新服务模式，推进担保机构与政府、银行、担保、投行、基金、信用评级机构等主体间形成常态化合作模式。第八，文化金融人才培养扶持工程。围绕文化金融人才短板，完善文化金融人才服务政策体系，优化人力资源配置，加大高层次、创新型、国际化文化金融人才的开发、引进和培养力度。

本研究成果的核心观点凝练为，在文化金融发展的制度设计与政策协同创新中，应围绕产业链发展文化金融，以构建金融资本与文化产业有效对接的长效机制、引导和促进各类资本参与文化金融创新为统领，整合文化金融产业链各类主体与关键节点，完善文化金融服务体系。结合文化产业及金融业发展特点，做好顶层设计，加强各部门各领域的统筹规划，形成多方协同合作发展，才能使政策与措施具有可操作性，促进落地见效，激发市场活力和企业创造力。

高雅音乐的公众传播研究

——基于国家艺术基金音乐类资助项目的分析

负 责 人：刘立明
依托单位：国家艺术基金管理中心
起止日期：2019年10月—2019年12月

一、研究目的与意义

基于近年来国家艺术基金资助的音乐类项目实施及其成果特色等的分析研究，以观察我国高雅音乐等公众传播问题。通过显性研究，对近年来国家艺术基金资助的音乐类项目如歌剧、交响乐、民族管弦乐、小型舞台剧等多种音乐艺术形式的创作与演出等情况进行梳理，特别是基于音乐创作与艺术实践所推动经典作品海内外传播交流成功案例的深入研究；通过隐性研究，分析了国家艺术基金自设立至今积极主动介入当代艺术生活并发挥的重要作用，为繁荣我国音乐艺术创作、打造和推广原创精品力作、培养艺术创作人才方面，逐渐建立起了一个有效运作机制，取得了显著的成就。具体内容涉及国家艺术基金创立之初高雅音乐传播活动的基本状况，当代中国公众对高雅音乐的审美认识特征，创新中国特色音乐文化的传播方式及其对今后中国音乐文化发展的影响，并根据国家艺术基金近年来的资助个案从传播活动设计和实施机制进行了分析，最终围绕音乐传播形式多元平台拓展、最新科技成果运用、创新模式发展以及高雅音乐分层传播体系和管理机制等方面得出研究者的基本看法，以期为国家层面上的高雅艺术传播体系建设提供策略意见与建议。

首先，研究隐含着独特的视角。成果从国家艺术基金资助音乐类项目形式，以点带面地达到全方位推动我国当代音乐创作与演出，潜在地促进高雅音乐积极、主动地走入公众中间，一改既往研究中或作概念性的阐释，或是基于音乐传播学的理论研究，而采用综合视角来做定量梳理和定性分析，面对同样的材料，对高雅音乐的公众传播活动模式的现状、内在机制、发展对策等问题展开研究，始终将高雅音乐的创作实践与公众音乐生活需要紧密联系，为中国当代音乐文化生活研究提供了新的思路。其次，研究方法具有创新意义。当下学界对中国公众音乐文化生活的研究多采用从音乐本体出发的方式，或基于某一音乐品类的专题分析，或围绕音乐表演呈现出的风格的研究，虽然对我国音乐文化生活现象有所强调，但缺少从整体上来关注中国音乐生活的做法，影响到高雅音乐的公众传播之对中华优秀音乐文化的传承与发扬，对如何用音乐母语讲好中国故事，加强音乐文化的推广更是严重不足。本研究一方面从音乐传播学角度对国家艺术基金资助音乐类项目的创演活动进行分析，另一方面从社会史角度探寻资助活动及活动本身的背景材料，综合两方面研究所得揭示出高雅音乐的公众传播的内在动力与外在环境。最后，结论与推演过程意义突出。研究立足"国家艺术基金资助音乐类项目成果特色"这一文献事件，在对近五年来国家艺术基金资助的50余项创作与表演项目及其在中国当代艺术创作中占据的重要地位加以梳理之后，用定性研究直观地得出国家艺术基金通过积极引导，有效激发了各类艺术机构、单位和广大音乐工作者开展音乐创作与音乐活动的积极性，达到了国家艺术基金繁荣艺术创作、打造和推广原创精品力作、培养艺术创作人才、推进国家艺术事业健康发展的结论。最后揭示出国家艺术基金音乐类项目服务社会主义文艺繁荣发展的作用日益凸显，意义重大。

二、主要内容

（一）基于国家艺术基金音乐类项目资助成果的研究所得

（1）研究分析申请资助特点、变化趋势和资助实施趋势三个方面是对国家艺术基金音乐类项目资助总体情况的整体把握。从中可以看到，国家艺术基金成立以来，发挥引导扶持作用，通过项目资助有效改善了音乐创作生产的生态环境，对促进音乐的创作专业化、传播广泛化、人才年轻化迈进起到了积极的推动作用。

（2）围绕国家艺术基金音乐类项目介入当代音乐生活的主要表现分析中，对于发展音乐创作的多元立体支持模式、促进音乐表演的多举措创演机制以及加强音乐新锐发展的持续渐进纵深突破，促进了大量优秀音乐类项目的出新，也使音乐创作与演出、青年音乐人的培养达到了一个历史新高。

（3）是对国家艺术基金音乐类项目资助成果特色的认识，从宏观方面优化了当前音乐文化发展的生态，培育严肃音乐土壤，推动音乐艺术与政治、社会、文化生活的融合，进而推动我们国家音乐文化的发展和繁荣；从微观上充分激发广大音乐工作者的艺术创造活力，鼓励保障音乐家们创造出更多的优秀作品。

（二）基于当代中国高雅音乐的公众传播现状研究所得

（1）本研究对我国高雅音乐传播活动的历史与现状进行了初步的梳理和总结，分析了高雅音乐概念与类型、音乐传播形式和公众接受程度三者之间的动态发展关系，同时结合时代发展特点，提出了在当代大力发展和繁荣社会主义新文化的背景下，发展高雅音乐的样式、类型及其对中国音乐文化发展的影响。

（2）研究通过探讨中外音乐传播模式在资金、内容、渠道、平台、运营、人才等方面的共同点和差异性，结合国家艺术基金音乐类项目资助成果中的个案分析，初步得出我国高雅音乐公众传播的创新模式与传播交流内涵特征。

（3）在高雅音乐公众传播的策略研究中，为构建具有自身特点的高雅艺术传播体系，形成了初步的意见和建议。

三、重要观点

一是从社会学角度出发认识到国家艺术基金对音乐艺术人才培养的资助。它们不同于艺术院校人才培养体制，而是以更为灵活的组织实施形式，以特需、急需为出发点，以尽可能全面的资助为目标，特别是加强表演类人才的资助，体现了表演艺术的重要性。同时加强具有地域特色传统音乐人才培养的资助，体现了国家艺术基金对中国传统音乐的重视。

二是从音乐学角度来观察国家艺术基金对音乐创作资助的题材特点。既要展示古代中国文明繁荣风貌的题材，体现文化和精神传承一体，还要有体现中国人民包容开放、开拓进取精神追求的题材；依托本民族历史、本地区音乐文化和社会背景的题材，反映出了国家艺术基金继承传统、创新发展的资助宗旨。

三是采用多元立体的支持模式来发展音乐创作，采取多元立体的支持模式鼓励原创音乐作品，开展音乐展演活动，从切合人民群众需求，符合时代精神角度出发，提高公众参与度，同时逐步发展互联网、新媒体扩大艺术基金的影响力。

最后，关注当代中国音乐生活，是本研究始终坚持的重要立场。音乐通过人与社会接触，既是人类的行为模式，又是人类文化传播交流的重要介质。因此，加强音乐受众教育，建立良好的创作循环，是实现高雅音乐的公众传播的重要途径。

四、成果创新之处

本项目研究主要以定量研究和个案分析为基础，并结合国家艺术基金音乐类资助项目成果，对当前高雅音乐公众传播活动进行定性研究。

（1）重视地域文化、受众文化和教育水平的差异性，充分考虑地域经济和环境差异，以及受众文化发展和教育水平等因素推广高雅音乐，创新公众传播模式，努力适应不同受众的审美需求。

（2）从文化自信的角度，将中华优秀音乐文化纳入高雅音乐的范畴中来，使高雅音乐的公众传播模式承载更多中华文化传承与发扬的意义。

（3）加强研究与政府制定对外文化交流政策、展现国家形象、推广中国当代音乐文化等政策的对接，使高雅音乐公众传播产生积极的辐射效应。

五、学术价值以及社会影响

本成果学术价值显著。一是综合运用音乐传播学、社会学、政治经济学研究方法，以纵向多学科方式进行对比研究，在关注中国当代音乐生活研究中尚属首次。二是注重材料的发掘和更新，一直贯穿于全过程，研究站位靠前，有一定的前瞻性和开拓性、创新性。三是采用“质的研究”，基于政策引导—音乐创作—音乐传播对高雅音乐在我国的公众传播进行研究，理论视角独特具有一定现实意义，同时，随着新材料、新方法的挖掘和运用，本课题还有进一步挖掘的可行性和值得广泛推广的学术价值。

社会影响方面，在研期间发表论文1篇，已在学界产生了积极反响。可以预见的是，本成果发表后，将会进一步引起学界重视，有力推动中国当代音乐研究，促进国家艺术基金资助成效评估工作。

旅游业培育和践行社会主义核心价值观研究报告

负 责 人：彭立春
依托单位：湖南科技大学
起止日期：2019年10月—2019年12月

旅游业培育和践行社会主义核心价值观保障旅游业克服过度娱乐化、欲望狂欢化、价值观扭曲等负面现象，促进旅游业高质量发展。将价值观符号形象巧妙地融入旅游的集体记忆，提高社会主义意识形态建设的效果。以社会主义核心价值观为底蕴的旅游产品能够彰显独特的文化属性，可以促进文旅场所融合、文旅业态融合、文旅产品融合、文旅管理融合。

大多数旅游从业人员能够认同社会主义核心价值观，能够按照社会主义核心价值观的要求解决工作和生活中的一些问题，也存在价值认知不清、价值情感不浓、价值自觉不强、价值规范不细等主要问题。旅游活动的经济性与意识形态性的矛盾可能造成主体困境，旅游体验的情境性与价值观培育的内省性的矛盾可能造成认知困境，旅游活动的娱乐性与价值观培育的严肃性的矛盾可能造成认同困境。旅游活动的个体性和价值观培育的整体性的矛盾可能造成实践困境。

为了克服旅游业培育和践行社会主义核心价值观的困境，提升旅游业培育和践行社会主义核心价值观的规范性、全面性、细致性、具体性，我们认为主要从宣传教育、情感内化、行为引导、制度保障等路径加强旅游业培育和践行社会主义核心价值观。

一、旅游业培育和践行社会主义核心价值观的宣传教育路径

社会核心价值观有机融入旅游宣传要通过旅游出版物、旅游新媒体、旅游演艺、

旅游节庆活动等方式。

用旅游出版物传播社会主义核心价值观要做到坚持旅游出版有正确的政治方向，要坚持用马克思主义理论指导旅游出版体系建设和设计出版内容。坚持旅游出版内容的价值导向，旅游出版物要积极弘扬旅游的真、善、美，积极展现旅游的美好体验。坚持旅游出版设计的个性特征，每个出版物的封面、封底、排版、文字、图片、色彩都要结合具体旅游出版内容形成独特的个性特征。

旅游新媒体传播社会主义核心价值观要做到管理严肃认真。要严格把关旅游新媒体传播，增强网络信息过滤能力，建立新媒体自律公约，加强规范和约束旅游从业人员和游客的网络行为。要坚持"内容为王"的理念，宣传美好的旅游体验，推荐优质旅游产品。话语要做到"日常化、具体化、形象化、生活化"。要充分利用"微视频""微电影""微故事""微动漫""微文化"等各种形式将社会主义核心价值观的内容自然合理地储存在旅游出版物中。

旅游演艺传播社会主义核心价值观要做到题材高尚，着力创作赞美祖国、赞美党、赞美人民的旅游演艺精品，要高度重视爱国主义教育和社会主义核心价值观教育在旅游演艺中的作用。内容要真实，将社会主义核心价值观融入景观符号、历史底蕴、原生意象、文化图景、人物原型、人伦情感，创作有深刻价值意蕴和容易传播的符号系统。情感要丰富，旅游演艺人员一定要对自己所参与的角色包含丰富的感情，要把这种情感用言语、动作、表情充分地呈现出来。

旅游节庆活动传播社会主义核心价值观必须要挖掘节庆的文化内涵，探究节庆的文化内涵和精神属性，构建向善向上的节庆意象。要根据节庆的寓意，把社会主义核心价值观融入具体活动中。要运用节庆旅游形象、节庆旅游营销、节庆旅游产品、节庆旅游活动等方面营造节庆的良好氛围。

二、旅游业培育和践行社会主义核心价值观的情感内化路径

合理开发旅游资源增强价值情感触动。构建良好的国家形象是旅游资源开发的价值依据。我们构建旅游形象要以国家形象为价值依据，有利于促进国家价值认同，形成国家的集体记忆，凝聚价值共识，激发人民群众为国家美好未来奋斗的价值动力。促进社会幸福是旅游资源开发的价值基础。旅游资源开发要坚持法治思维，尊重旅游当地居民的自由与平等发展，要保护当地居民的公正权益，必须做到创新发展、绿色发展、协调发展、共享发展。

设计独特旅游文化增强价值情感熏陶。要善于挖掘中华优秀传统文化资源的中国精神和中国故事，提升旅游目的地和旅游过程的文化品质，提高价值情感激活度。要深度挖掘革命文化中的先进典型，感人故事、重要遗址，激励游客发扬革命精神，增强游客的情感价值和文化认同。要善于呈现社会主义先进文化，充分展现社会主义建设的“中国奇迹”，增强旅游文化的感染力。

创设鲜明的旅游产品增强价值情感认同。要提升旅游产品的亲和力。设计旅游产品主题必须要从“现实的人”旅游者出发，旅游产品主题要满足游客的归属感、提高游客的获得感、提升游客的幸福感。旅游产品要蕴含深刻的价值和清晰的形象有较强的感染力。旅游产品要形成良好的意境、旅游产品要呈现和谐的美感，形成较强的吸引力。

培养热情的旅游服务人员增强价值情感认同。通过抓好招聘、激励、考核等方式提高旅游服务人员的综合素质，增强游客对社会主义核心价值观的情感认同。将社会主义核心价值观所倡导的要求融入旅游业从业人员的招聘考核中。旅游企业要充分发挥社会主义核心价值观的激励作用，旅游企业必须保持人文关怀，运用物质激励与精神激励相结合健全激励机制。公正的考核标准和考核体系可以激励优秀旅游从业人员爱岗敬业，选拔优秀人才长期从事旅游业相关工作，帮助旅游从业人员进行职业生涯规划。

三、旅游业培育和践行社会主义核心价值的行为引导路径

旅游业培育和践行社会主义核心价值关键在于转化为行动，增强行动力主要从增强行动认知、增强行动意志、增强行动能力、干预不良行为四个方面入手。

开展培训教育，增强价值行动认知。对旅游管理部门、旅游相关企业、旅游从业者、旅游者等所有人进行社会主义核心价值观相关内容的宣传，对旅游业相关人员讲清楚社会主义核心价值观的基本内容、重要意义、培育路径。在培训教育中要注意采用隐性教育的方法，才能取得更好的效果。

坚持规范管理，锤炼价值行动意志。通过规范旅游管理相关制度和严格管理过程，充分调动旅游业相关人员自觉践行社会主义核心价值观。培养旅游业相关人员能够独立解决工作矛盾带来的现实冲突及其背后的价值冲突。培养旅游业相关人员为坚持价值观而克服各种利益诱惑的毅力。

采取正向激励，增强价值行动能力。加强物质激励，优化旅游业人才培养政策，

完善旅游人才薪酬待遇制度，提高旅游业相关人员的经济和福利待遇。要完善旅游人才职业发展通道，设计不同的职业发展途径和职业待遇水平。加强精神激励，树立良好的榜样，尊重员工的需要，引导员工建立良好的心理契约，激发员工的动力。加强情感激励，发挥领导者的示范，提升相关人员的认知能力、人际关系协调能力、管理能力、沟通能力以及自我效能感等，改善企业员工关系，增强员工对企业的归属感，改进员工与领导者的关系。

干预不良行为，修正错误价值行为。干预旅游过程中出现的违背社会主义核心价值观的不良行为要有具体的法律制度作为依据。要在大中小学校思想政治理论课中融入旅游休闲价值观教育，引导学生树立马克思主义休闲价值观，引导学生认识到旅游中价值取向和具体行为关系到国家形象的展示。要重视监督体系建设，要加强对政府部门、旅游景区、旅游企业、旅游从业人员的行为监督，对相关主体出现的各种问题，要及时发现，及时反馈，及时处理。

四、旅游业培育和践行社会主义核心价值观的制度保障路径

要把社会核心价值观有机融入旅游法律法规、旅游政策制度中，完善旅游业培育和践行社会主义核心价值观的制度保障。

多主体促进社会主义核心价值观融入旅游制度。政府部门通过制定相关政策和法规培育和践行社会主义核心价值观。行业协会要引导社会主义核心价值观科学嵌入旅游行业标准和行业指南，实现旅游业科学发展。旅游企业用社会主义核心价值观引领企业管理制度建设，形成积极的旅游企业价值观，塑造良好的旅游企业文化。旅游从业人员要接受人民群众的监督和反馈，坚决践行旅游相关制度和政策。

全方位促进社会主义核心价值观融入旅游制度，主要包括三个方面：一是坚持以宪法为指导完善法律体系，要进一步完善《旅游法》、旅游行政规章、旅游部门规章和地方旅游发展条例以及其他部门相关法律法规。二是坚持改革创新完善旅游政策体系，在制定旅游公共政策时要全面统筹兼顾政府部门、旅游企业、旅游从业者、旅游者的利益。三是推进旅游治理法治化，统筹兼顾统一目的地居民、游客和旅游从业人员的利益，实现政府、团体、游客个人都参与旅游治理。

全过程促进社会主义核心价值观融入旅游法治。把社会主义核心价值观融入旅游法律法规的制定环节，坚持以社会主义核心价值观作为制定和完善旅游法规的基本原则。把社会主义核心价值观融入旅游法律法规的执行环节，坚持以社会主义核心价值

观作为严格旅游执法的基本要求。把社会主义核心价值观融入旅游法律法规的适用环节，坚持以社会主义核心价值观作为公正司法的基本准则。把社会主义核心价值观融入旅游法律法规的遵守环节，坚持以社会主义核心价值观作为全民守法的基本要求。使旅游地居民和旅游业人员都成为社会主义法治的忠实崇尚者、社会主义核心价值观的自觉践行者。

城乡融合发展背景下的地方戏曲剧目创作和传播方式改革创新研究

负 责 人：杨舟贤
依托单位：国家艺术基金管理中心
起止日期：2019 年 10 月—2019 年 12 月

党的十九大做出了实施乡村振兴战略的重大决策部署，明确提出："建立健全城乡融合发展体制机制和政策体系。"城乡融合发展是要将城市和乡村放在平等的地位，全面推动经济、社会、文化、生态、治理各领域的制度并轨、体制统一，逐步推进城乡之间要素配置合理化、公共服务均等化、产业发展融合化，努力实现农业现代化、农村城镇化和农民市民化的目标。

戏曲是具有悠久历史积淀、独特艺术魅力和深厚群众基础的民族艺术形式，是继承和弘扬中华优秀传统文化的重要载体，也是全人类的文化艺术瑰宝。戏曲的发展与城市化进程的加快并不矛盾，城乡融合发展反而会给它带来新的发展机遇。在中国特色社会主义进入新时代的时候，改革戏曲的创作和传播方式，着力解决艺术资源分配不平衡不充分的问题，满足人民日益增长的美好生活需要，对健全人民文化权益的保障制度有着重要的现实意义，对推动戏曲艺术的长期繁荣发展也将发挥积极的作用。

当前，我国戏曲创作的一个突出特征是，创作优秀戏曲作品的剧种比较集中，区域比较集中，院团比较集中。在传承发展戏曲艺术方面，已经形成了一批能够发挥基地作用的优势剧种和重点院团，同时也说明戏曲发展还存着不平衡不充分的问题。

一、推动剧目创作改革创新

创作是发展戏曲艺术的首要任务。在城乡融合发展、农民向市民转变的背景下，戏曲的观众构成、欣赏习惯、审美追求都发生了重要的变化，戏曲创作的主题题材、艺术观念、表现方式也要相应的有所改变。

（一）要坚持以社会主义核心价值观为引领

城乡融合发展，不同的文化相互交织、相互碰撞，必然会给人们带来新的矛盾、新的思考、新的困惑、新的烦恼，如果不及时加以正确的引导，很有可能形成群体性的迷失。因此，在面对各种复杂多样的素材时，戏曲创作都应通过生动的故事、鲜活的语言、丰满的人物形象和艺术的阐释弘扬社会主义核心价值观，发挥好教育、引领的作用。

（二）要关注现实题材作品创作

城乡融合发展是影响广泛深远的变革，涉及众多社会关系调整，其中很多是人民群众最关心、最直接、最现实的利益问题，这也给戏曲创作提供了丰富的素材。戏曲创作要“深入生活，扎根人民”，在把握生活的本质和主流，体现时代发展进步潮流的基础上，勇于关注当下现实，直面社会问题；关注普通百姓，反映人民心声；关注时代发展，揭示突出矛盾，在实践中激发灵感，进行审美创造，才能够创作出有筋骨、有道德、有温度的文艺作品。

（三）要传承发展中华优秀传统文化

城乡融合发展将文化传统从农村带进了城市，拉近了历史与现实的距离，也拉近了区域之间的距离，地域文化之间的碰撞、叠加、融合的广度、深度和力度也将超过以往任何一个历史时期。在这个背景下，全面推进原创剧作的打造、传统剧本的整理改编和优秀剧目的移植共享，将会激发出戏曲创作更大的活力，不断推出深受人民群众喜爱和欢迎的优秀作品。

（四）要积极推动创新发展

城乡融合发展改变了人们的生活方式，尤其是广播、电视和互联网等传播方式的变革，拉近了空间的距离，也使以地域文化特色为基础的戏曲剧种加快了趋同或消失的速度，但不能因此否定戏曲艺术的独立性，独特的表演形式和审美特征是其生存和发展的根脉。要坚持形式创新和内容创新相向而行，要加强引导扶持，努力形成鼓励创新，激励探索，表彰成功，宽容失败的良好氛围，为戏曲艺术发展创造良好的外部环境。

二、推动演出市场改革创新

坚持演出是发展戏曲艺术的根本路径，离开了演出，也就失去服务人民群众这个根本的出发点和落脚点。随着城乡融合发展的深入推进，戏曲演出的市场环境也发生了很大的变化，农村市场快速萎缩，城市市场有待培养，紧密结合戏曲艺术发展实际，培育公益性演出和市场化演出相结合的戏曲演出市场，需要各方面的共同努力。

（一）健全以高质量发展为导向的文化经济政策

当前，影响戏曲剧目开拓演出市场的主要原因是剧场演出的经济投入产出比“倒挂”，组织戏曲剧目演出很难补足成本。随着城乡融合发展，有条件的地区可以探索将剧场纳入公共文化服务设施，比照美术馆、图书馆、博物馆和文化馆（站）“三馆一站”免费开放的做法，对剧场承接演出给予适度补贴并开展绩效考核，形成“补院团、补剧场、补观众”的综合补贴模式，健全人民文化权益保障制度。

（二）完善体现社会主义市场经济要求的文化管理体制和生产经营机制

落实建立健全把社会效益放在首位，社会效益和经济效益相统一的文化创作生产机制的要求，必须全面推进戏曲院团的改革。改革要尊重历史，也要切合实际，在体制和机制之间，可以机制先行先试，取得成功经验后，再推动体制改革。对戏曲演出来说，当前正处于“市场失灵”的阶段，这就需要政府对无法完全通过市场方式配置资源的戏曲演出给予政策支持，通过外部资源输入保持其发展活力。

（三）在守正创新中增强戏曲艺术的市场适应性

城乡融合发展将会在更广大的范围内，形成多源头、宽领域、大体量、快节奏的信息场域。戏曲特别是地方戏曲与地域文化、方言土语、生活习惯等联系紧密，格式、格律、音调、吐字、伴奏等差异较大，减典故、改方言、换辙口、易音调、变唱腔等难点较多。戏曲剧目的整理、创作、演出，要在保持戏曲艺术特征稳定性的基础上，结合时代发展变化、审美需求变化、观赏形式变化，不断改进优化，使其能够在更大的范围内传播，为更多的观众欣赏。

（四）推动传统艺术与现代传播手段的结合

以广播、电视为代表的现代传播手段，特别是网络技术的快速发展，对包括戏曲艺术在内的各个传统行业都产生了程度不同的影响。随着城乡融合的发展，互联网普及率必将进一步提高，农村地区非网民占比也将不断降低。充分利用互联网、新媒体发展带来的新机遇，特别是当前4K高清录制和5G高速传输两项新技术，构建全方位、多层次、宽领域的戏曲艺术传播格局，对突破传统戏曲舞台限制，创新传统戏曲表现形式都将发挥积极的作用。

三、推动人才培养改革创新

戏曲是综合性的舞台艺术，一部优秀的作品需要求由编剧、导演、音乐、表演、舞美等多个门类的艺术工作者密切配合，共同完成。在新的技术条件下和市场环境中，还需要有高水平的理论评论、经营管理人员参与其中，因而戏曲人才培养就有了多学科、多层次的特点。

（一）强化戏曲院团在人才培养中的主体作用

戏曲剧种多、流派多，对从业员有着很强的个性化要求，包括编剧、导演、音乐、演员、舞美在内的各个艺术部门，都应该熟悉本地文化，熟悉剧种特色，熟悉主要演员，熟悉观众需求，过度依赖“飞行导演”“高铁主创”的做法，将会给剧种的长期发展带来危害。要加大对戏曲表演团体培养人才工作的支持力度，为戏曲院团与专业院校联合培养人才创造条件。

（二）积极完善戏曲人才的保障机制

戏曲人才保障机制建设同时兼具内部性和外部性要做好与组织部门、宣传部门、教育部门、卫生部门、人力资源和社会保障部门等相关部门的协调工作，实现认识一致，政策接轨，努力形成党委宣传部门组织协调，文化和旅游部门具体落实，各相关部门积极配合的戏曲人才工作机制。

（三）全力培养领军人物和名家大师

与影视相比，戏曲艺术的呈现更依赖于优秀演员的现场表演，要充分发掘戏曲名家和流派传承人积累的丰富的经验，沉淀的艺术精华，结合戏曲“以师带徒”，口传心授，注重实践和经验传授的特点，分层级实施“戏曲名家收徒传艺工程”。同进，积极为青年戏曲工作者提供帮助，努力造就新一代名副其实的剧种领军人物和戏曲艺术大师。

（四）为戏曲艺术发展培育后备人才

推动戏曲艺术长期健康发展，不仅要培养创作人员，也要培养核心观众。当前，要着重研究好解决好戏曲进校园的适应性问题，做好编写教材，确定剧目，选聘教师等工作，戏曲表演团体要结合戏曲进校园工作，结合学校教育实际及不同年龄段学生身心特点，积极主动地排演适合学生观看的优秀戏曲艺术作品。

对戏曲艺术来说，城乡融合发展是机遇也是挑战，要精准分析现实状况，充分认清存在困难，凝聚社会各方面的力量，主动应对，科学施策，通过全面深化改革，调整戏曲发展与经济社会发展的关系，牢牢把握社会主义先进文化前进方向，围绕举旗帜、聚民心、育新人、兴文化、展形象的使命任务，在创作、演出和人才培养等方面，全面深化改革，破除体制机制障碍，逐项解决具体问题，不断寻求创新突破，突出人民性，增强时代性，提升艺术性，推动戏曲艺术向“高峰”迈进。

老龄友好旅游产品开发与实现路径

负 责 人：周奇美
依托单位：广东海洋大学
起止日期：2019年10月—2019年12月

在我国，人口老龄化是不可逆转的经济与社会常态，应对人口老龄化已经成为国家、社会、家庭以及个人的首要任务。积极老龄化作为一种重要的老龄化应对理念已被广为接受，其核心观点认为老年个体积极与否是一个复杂的系统问题，不仅取决于健康和社会服务、个体生活习惯、个人生物特征、基因、社会心理等因素，还取决于个体生活的物理、社会以及经济环境。因此，应对老龄化社会的挑战需要一个综合的行动框架，而不能仅仅聚焦于老年人健康与医疗问题。旨在为城市和社区老年居民提供一套积极老龄化的行动方案，世界卫生组织发出了“老龄友好城市”“老龄友好社区”的倡议。2017年，国务院发布的国家“十三五”规划中，也明确提出了开展“老年友好型城市”和“老年宜居社区”的建设示范行动，并提出到2020年，60%以上的城市社区达到老年宜居社区基本条件，40%以上的农村具备老年宜居社区基本条件。“老龄友好城市”与“老龄友好社区”等相对固定空间的老龄友好化建设已上升到国家层面，并得到各级政府的重视。老年人流动时的需求，如在非“城市”、非“社区”空间，尤其是在旅游流动空间的老龄友好化建设存在断裂。当今社会，流动空间对于老年人越来越重要。在相对陌生的流动空间，如果欠缺相应的老龄友好的物理和社会环境，容易激发老年人的健康、心理问题，在流动过程中被激发出的问题，反过来也会影响到老年人在熟悉的固定空间的体验和生活质量。可见，老年人在旅游流动空间的老龄友好化倡议显得尤为迫切。旅游作为一种日渐重要的流动方式，被新一代的老年人视作追寻生命体验的重要组成部分，旅游能提升老年人的身心健康、生活质量以及社会参与，成为一种积极老龄化理念下的老龄化应对的重要方式。但目前学界与业界对旅游应对老龄化的积极作用与重要功能还欠缺关注。基于老龄友好理念的旅游产品开发具有节约政府开支、拉动消费、增加投资、带动GDP增长的重要经济价值，以及推动社会发展、减轻家庭负担、促进代际关系、促进老年人身心健康、提高老年人生活质量、增强老年人老龄化应对能力、缓解老龄化社会压力的重大社会价值。因此，本课题基于积极老龄化理念提出“老龄友好旅游产品（age-friendly-product）”概念，老龄友好旅游产品的开发与支撑体系是旅游业应对老龄化这个重大社会现实的实现路径。

从供需差距的比较来看，目前，老龄友好旅游产品的供应无法满足老年人的需求。具体而言，老龄化适应层次产品如符合老年人行动、体验特点、老龄化消费需求的旅游产品已经小规模出现，但还存在较大差距；健康老龄化产品如满足老年人健康需求、幸福感提升需求的旅游产品还处于市场开发早期，尚未成规模；积极老龄化产品如满足老年人社会参与、自我提升需要的旅游产品尚未发现。因此，老龄友好旅游产品的开发需要分层次逐步推进。

老龄友好旅游产品开发存在老龄友好理念上的认知不足、老年人旅游市场潜力的认知欠缺、可持续发展老年旅游投资理念的欠缺、老龄友好旅游产品开发基础薄弱以及老龄友好旅游产品开发的复杂性五个困难点。尽管存在困难，但从社会发展程度、多样化的老年人旅游市场前景、经济基础可行性、敬老文化传统源远流长、老年人主体性增强等方法方面看，老龄友好旅游产品具有开发的可行性。老龄友好旅游产品的开发应包括公益性与营利性两个方面：公益性体现在老龄化基础设施的建设及老年旅游福利方面，老龄化设施的建设不仅仅是老龄旅游产业发展的需要，更是全社会应对老龄社会的前提，还应逐渐在低收入老年群体中开展公益旅游，充分发挥旅游的社会效应；营利性体现在老年旅游消费市场开发方面，对于中高收入老年人群体，则应充分发挥市场规则，提供优质的老龄友好旅游产品，构建可持续发展的老年人旅游消费市场，推动旅游行业产业结构的优化。

老龄友好旅游产品开发的体系与内容。首先，识别出老龄友好旅游产品需求要素以及产品特征。不同的空间老年人的行动特点及需求特征存在差异。老龄化旅游的基础空间包括生活空间和社区空间，主要满足老年人的生理、医疗需求，以及尊重、独立、老龄化应对需求，是保持老年人独立行动、生存尊严的要素，医疗养老设施、生活空间的老龄化需要是考虑的重点。交通空间包括乘坐空间、休息空间、等待空间、换乘空间四个区域。识别出的关键词为无障碍通行、行程慢、连续行车时间较短，安全、舒适，信息化、换乘快捷等老龄友好旅游产品的需求要素。游览空间是具备旅游功能的空间，分为体验空间、观赏空间、互动空间和过渡空间，识别出节奏慢、聚焦化、差异化、可视化、信息循环化、情感化、休闲化、便捷化等需求要素。衍生空间是指由旅游行为衍生出来的空间，包括消费空间、休闲空间、交往空间和意义空间，识别出的特征为经济性、意义性、生活化、功能化、健康性、交际性、情感性、独立性、自我实现性。其次，构建老龄友好旅游产品的内容。老龄友好旅游产品由老龄化适应产品、健康老龄化产品以及积极老龄化产品组成。老龄化适应产品是保障老年人旅游体验可进入性产品，可以说是老龄友好旅游产品的筑基因素。老龄化适应产品的特征体现为消除流动性障碍的无障碍通行，保障老年人旅游过程中的健康与预防健康风险的医疗设施，消除老年人旅游障碍的安全经济便捷的交通、旅游及消费环境，保障老年人获得旅游效益的慢节奏、信息化、可视化、生活化的旅游产品体系，以及尊老的旅游环境。健康老龄化产品是指老年人旅游行为中帮助老年人获得身心健康的旅游产品，是老龄友好旅游产品的保健因子。健康老龄化产品表现为提升老年人身体素质的健康旅游产品，维持老年人身体机能与愉悦心情的休闲旅游产品，促进老年人与他人情感联结的情感化、交际性的旅游环境与产品，以及帮助老年人获得良好的旅游体验而提供的舒适、功能性以及差异化的旅游产品。积极老龄化产品是指旅游情境下为实现积极老龄化功能而提供的产品，是老龄友好旅游产品的提升因子。积极老龄化产品主要体现在为老年人提供满足自我实现与自我提升动机的旅游产品，营造老年人获得独立感与意义性的旅游情境、氛围与机会，制定老年人社会参与机会的旅游制度设计，使老年人参与到老龄友好旅游产品的开发建设中来。老龄友好旅游产品体系是一个金字塔形设计，底层是筑基的老龄化适应产品，中层是保健的健康老龄化产品，顶层是提升的积极老龄化产品，三者之间构成了老龄友好旅游产品的完整体系，也是“老龄友好旅游”理念的中心组成。老龄友好旅游产品是一个包括老龄化适应产品、健康老龄化产品与积极老龄化产品的完整的体系，也是一种理念，要实现老龄友好旅游产品需要基础设施的投入、行业服务体系的整合，不仅如此，还需要政策环境的支持，以及社会环境的营造，需要一个系统化的支撑体系。每个支撑体系都具有相应的主体，主体之间可能存在交叉性，但均需要互相配合，才能提供老龄友好旅游产品开展所需要的有形与无形支撑。

老龄友好旅游产品开发的实现路径应从制度设计、市场机制、社会功能三方面着手。老龄友好旅游产品牵涉的行业广，不仅涉及老龄化等基础设施的建设，还涵盖了医疗养老设施的安排，综合、可行、互利、协调的制度设计能打通各个环节的阻碍，使各方参与到老龄友好旅游产品开发建设中来。老龄友好旅游产品是面向广阔的老年人旅游市场的，具体到市场经营层面，则主体应转移到企业，健全而又繁荣的老龄友好旅游产品市场是行业发展的重要前提，是老龄友好旅游产品可持续发展的前提。只有在老龄友好旅游市场获得充分发展，积极老龄化旅游产品才能充分发挥旅游应对老龄化问题的重要社会功能。

中国出境旅游安全救援中华侨华人的作用研究

负 责 人：邹永广
依托单位：华侨大学
起止日期：2019 年 10 月—2019 年 12 月

一、研究背景

随着旅游消费观念升级，中国公民出境旅游范围扩大和规模增加，出境旅游地扩大到 151 个国家和地区（中国旅游研究院，2018），2018 年出境旅游人数达到 1.48 亿人次，位居世界第一大出境旅游客源国（文化与旅游部，2019）。出境旅游需求旺盛的背后，出境旅游安全问题凸显，受到武装冲突、恐怖袭击、流行疾病、交通事故、财物被盗被抢等风险因素影响。2017 年至今，对旅游活动造成影响的安全事件达 10 余起。旅游安全事件频度、深度和广度的持续增加，已远超出现有中国境外旅游预警机制的范围和外交部门的领事保护能力，同时，传统科层制政治响应的中国“属地化管理”模式使应急处置陷入路径依赖的困境。因此，调动和整合境外非政府组织的力量是亟待探讨的问题，也是增进中国出境旅游安全的必然选择。

目前，世界华侨华人总数逾 6000 万，华侨华人社团数量 2.57 万余个（国务院侨务办公室，2018）。华侨华人既了解中国，也熟悉所在国的政治、经济、法律和社会状况；是一个集人力、资本、文化、政治、科技、信息及网络等多种资源类型于一体的资源系统；是连接中国与所在国的“天然桥梁和纽带”；在推动民间交流、化解偏见、降低风险等方面，发挥了不可替代的作用。华侨华人社团在凝聚华人华侨力量的过程中发挥重要的整合作用，为当地华人提供彼此联谊的平台，也是维护国家利益、促进国家发展的重要力量。面对日趋复杂严峻的出境旅游安全形势，如何借助侨力，发挥侨团的“安全杠杆”作用，促进中国出境旅游安全，是本课题的研究问题和旨归。

二、主要结论与观点

（一）中国出境旅游安全救援现状与特征

本课题分析泰国“8・17”爆炸事故的救援参与主体的网络结构特征，揭示网络结构中的主体间的相互关系与各主体所扮演的角色，进而分析泰国华侨华人及组织在整个救援协作网络系统中的作用。研究结论有：

（1）在应急响应与救援处置阶段，出境旅游安全合作救援网络分析发现，中国驻泰王国大使馆处于最核心位置，起主导作用，是与中泰两国相关部门进行沟通协调及传递信息的桥梁。泰国医院、泰国国家警察总署、泰国民众是应急响应与救援处置阶段的重要力量和积极参与者，发挥了他们与泰国政府间的信息传递功能和紧急救助作用。同时，华侨华人志愿者、泰国华侨华人社团也是该阶段的积极响应者和参与者，在该阶段发挥重要作用。一方面，响应中国驻泰王国大使馆的号召，主动提供联系方式，为受伤的中国游客及赴泰家属提供帮助；另一方面，积极参与紧急救援，提供应急医疗、资金、翻译、联络等协助。

（2）在善后恢复阶段，中国驻泰王国大使馆、泰国政府、泰国国家警察总署、泰国外交部、曼谷市政府和泰国司法部等部门作为关键部门，处于网络中心地位。其中，中国驻泰王国大使馆仍是核心部门，充分发挥桥梁和纽带作用。泰国政府作为事发地的主管部门，发挥着重要作用，既要向中国政府和外交部传达事故处置情况，又要指挥泰国国家警察总署、泰国军队、外交部与曼谷政府对事故进行调查和死伤游客的赔偿工作，还要尽快发布和传递信息，恢复市场形象，重获境外游客信任。泰国民众作为一支积极的基础力量，协助泰国医院对中国游客进行救治，为受害游客的家属提供帮助。泰国华侨华人社团、华侨华人志愿者依然是积极的参与协助者，是一支不容忽视的重要力量，响应中国驻泰王国大使馆的号召，发动更多的华侨华人及社团，为受害游客及其家属做好抚恤工作，并协助中国游客家属做好事故的善后处置工作。

（3）使用核心—边缘模型分析发现，在应急响应与救援处置阶段，中国驻泰王国大使馆、泰国国家警察总署、泰国医院、泰国民众、华侨华人志愿者，处于网络核心位置。其中华侨华人志愿者、泰国民众最为活跃，是应急救援的基础力量，尽最大能力争取了尽可能多的资源积极参与救援。在善后恢复阶段，除了应急响应与救援处置阶段的参与主体外，泰国政府、中国文化和旅游部、泰国外交部、泰国司法部、泰国卫生部、曼谷市政府、泰国华侨华人社团、中资企业等也是重要的核心成员。华侨华人志愿者、泰国华侨华人社团、中资企业等组织处于核心位置，一方面协助泰方进行事故调查，另一方面协助中国驻泰王国大使馆为中国游客及家属的善后处置提供帮助。总体上看，无论是在应急响应与救援处置阶段，还是善后恢复阶段，泰国华侨华人及社团、华侨华人志愿者作为积极的协助者和参与者，在维护中国游客在泰国的旅游安全利益发挥着重要作用。

（二）中国出境旅游安全救援中存在的问题

（1）遵循“属地化管理”旅游安全救援模式，华侨华人参与的旅游安全服务平台亟待构建。目前，中国出境旅游安全事件的紧急处置依靠并以当地政府及相关组织机构为主导的被动的“属地化管理”的救援模式。中国赴泰国旅游安全事件中，泰方主要机构处于网络核心位置。因此，为提升中国出境旅游安全事件紧急救援效率，应突破“属地化管理”被动救援困境，亟待构建由当地华侨华人及社团组织积极参与的旅游安全服务平台。一旦发生旅游安全事件，除了利用传统的救援模式外，当地华侨华人及社团可以积极参与救援，最大限度减少因时间延误而导致的伤亡损失。

（2）维持传统科层制政治响应的应急救援路径依赖，更多华侨华人志愿组织需要激发。中国出境旅游安全事件处置遵循和维持着传统科层制的政治响应的救援程序（即事发后，当事人迅速向我驻当地外交机构和国内组团单位报告，驻外外交机构接到事发报告后，采取必要措施，努力控制事态，并迅速将事发情况向外交部和文化和旅游部报告），并产生路径依赖，这将导致出境旅游安全事件处置的被动状态，也给中国驻外机构增加了负担。因此，在中国驻外机构和外交部门的领事保护能力有限的情况下，中国政府及驻外机构亟待激发更多当地华侨华人及组织积极参与救援，为庞大的中国公民出境旅游安全提供更多的服务支持。

（3）华侨华人及社团组织履行公益救援任务，商业性的华侨华人救援服务供给缺乏等问题。旅游安全事件发生后，当地华侨华人志愿者和华侨华人社团积极参与救援，履行的是公益救援性质，同时提供了力所能及的帮助。但是由于旅游安全事件应急救援时间紧迫、专业性强，因此，亟待专业性、商业性的救援服务供给。逐渐适当组建的商业性和专业性兼具的华侨华人救援组织并提供救援服务，将极大弥补“属地化”救援不足和传统科层制的政治响应的路径依赖。

（三）中国出境旅游安全救援中华侨华人促进的可能逻辑

华侨华人无法割舍的原乡情结与身份认同是华侨华人及社团参与出境旅游安全保

护的重要催化剂，华侨华人及社团通达的政商网络与熟谙社情民情，以及文化优势为华侨华人积极发挥其在中国出境旅游安全救援的作用创造了可能。

三、研究的对策建议

一是构建中国出境旅游安全救援中华侨华人的作用机制。即推动华侨华人与社团间的互动与认同，发挥其内聚力作用；推动华侨华人与祖籍地游客的互动与认同，发挥其亲和力作用；推动华侨华人与华侨社会的互动与认同，发挥其向心力作用；推动华侨华人及所在国社团间的互动与认同，发挥其合协力作用。

二是健全中国出境旅游安全救援中华侨华人参与的运行机制。

（1）发挥华侨华人及社团在旅游安全救援全过程的积极作用。在现行形势下，中国出境旅游安全救援过程中，亟须发挥华侨华人及社团在当地旅游安全信息预警、应急响应、紧急救援和善后处置的积极作用。在中国游客出境旅游目的国，以驻地领事馆为依托和中介，发挥驻地领事馆的桥梁和纽带作用，发挥当地华侨华人的协助作用。一是事前预警机制。继续增强驻地领事在旅游安全信息监测预警，实现旅游预警信息的共享，协助建立华侨华人旅游安全服务平台。二是事中救援机制。争取当地政府机构、民众的最大支持。中国出境游客所在国的政府机构和民众始终是突发事件处置的关键核心和基础力量，中国驻地领事馆、中国政府加强与旅游目的国之间的旅游安全合作，增强两国间的友谊，争取当地民众的积极支持。同时，还需号召当地华侨华人及社团积极参与协助突发事件应急处置，争取更多的支持和帮助。三是事后救济机制。当地华侨华人及社团要协助善后协调、损失评估、事件调查和善后工作。

（2）倡导建立以华侨华人为主导的境外旅游安全救援联盟。建立以所在国华侨华人及社团为主体，以所在国侨领为主导，协同中资企业等机构的出境旅游目的国旅游安全救援联盟，专门为中国游客提供旅游安全便利的公益性非政府组织。建议该联盟设置联席机制和日常的信息联系平台，倡导中国出境游客积极加入所在国的旅游安全救援信息联系平台。同时，充分发挥日常旅游安全信息联系平台的主要功能：一是当地华侨华人及华人社团组织，采集并报告所在国各区域旅游安全风险信息，通过旅游平台实现境内外预警信息及时的传送和报告，实现信息的迅速共享；二是华侨华人组织利用当地的优势，搜集信息，在突发事件发生时，统一号召、协调调度各华人华侨机构资源进行支援；三是通过侨领与驻地领事馆沟通，获取信息来源，了解灾情及实时需求，及时向驻地领事馆报告，并在驻地领事馆的号召下，积极参与救援。

（3）激发华侨华人自愿维护境外同胞安全利益。华侨华人在所在国社会中具有人际关系资源基础，在应急救援过程中，发挥华侨华人的经济、人际网络作用，提供资源便利。同时对于在特殊情况尤其是安全事故发生时的紧急情况下，华侨华人可以提供进一步救助和持续关照。通过与华侨华人社团的有效对接，争取更多华侨华人参与协作救援，引导华侨华人组织发挥应急协助作用。在全球华商组织、华人社团、华侨华人专业人士、华文传媒等群体中，培育驻地国的华侨华人救援“星使”，“星使”信息公布于驻地领事馆、外交部及文化和旅游部网站，在紧急情况下提供救援。同时应该加强与各类华人华侨组织的联系，建立应急协作关系，形成合作协议，中国政府也应该为华侨华人组织提供一些便利条件，构建激励机制，弘扬道德行为，倡导海外华侨华人自愿维护同胞安全利益。

四、创新价值与学术贡献

本研究的目的在于分析华侨华人及社团参与维护中国出境旅游安全的意愿，即可行性逻辑；探讨中国出境旅游安全救援中华侨华人的作用机制；建构华侨华人促进中国出境旅游安全救援的运行机制。

本研究的意义主要体现在：从理论上看，本课题跳出传统科层制政治响应的中国“属地化管理”治理模式，探索华侨华人及社团的作用，分析其参与维护出境旅游安全救援可能逻辑、作用机制与运行机制，以丰富、深化且延伸出境旅游安全救援的理论体系。从实践来看，本课题研究的华侨华人促进中国出境旅游安全救援的作用机制，有助于丰富和完善境外旅游安全预警机制，弥补外交领事保护能力的不足，发挥华侨华人及社团主动参与、自愿服务、系统运行，最大限度地增强出境旅游安全保障能力。

贫困地区文化旅游发展助力高质量发展研究

——以巴马为例

负 责 人：曾博伟
依托单位：北京联合大学
起止日期：2019 年 10 月—2019 年 12 月

巴马瑶族自治县是文化和旅游部定点扶贫县，位于广西西北部，面积 1976 平方千米，辖 10 个乡镇，境内聚居着瑶、壮、汉等 12 个民族，总人口 30.5 万人。巴马山清、水秀、洞奇、物美、民淳、人寿，拥有得天独厚的文化旅游资源；同时巴马又是一个“老、少、边、穷”的山区深度贫困县。2015 年，全县共有 57 个贫困村 14573 户贫困户 64710 名贫困人口，贫困发生率高达 25.5%。2019 年两会期间，习近平总书记在听取广西汇报时指出，“利用良好的生态优势，可以发展旅游、康养和其他生态型产业。你们巴马是长寿之乡，百岁老人很多，这些都是发展生态产业很好的条件”。近年来，巴马充分发挥比较优势，大力发展文化旅游业，取得了显著的成效。从 2007 年到 2018 年 12 年间，接待游客数量从 26.2 万人次增加到 657.85 万人次，增长 24.1 倍，社会旅游总收入从 1.39 亿元增加到 64.96 亿元，增长 45.73 倍。从 2016 年到 2018 年，有 2019 户 8986 名贫困人口参与文化旅游发展，其中有 20% 的贫困人口通过文化旅游渠道实现脱贫。

尽管通过发展文化旅游产业，巴马扶贫工作取得了较好成绩，但是巴马农民的人均纯收入中位数仅为全国农民人均纯收入中位数的一半；与此同时，巴马农民人均纯收入也一直低于全国贫困地区平均水平，2018 年巴马农民人均纯收入 8209 元，仅相当于全国贫困地区农民年人均纯收入的 79%。除此之外，在文化旅游扶贫过程中，也还存在不少影响贫困地区可持续发展的“瓶颈”问题。未来还应该持续关注文化旅游扶贫问题，通过创新扶贫方式，增强扶贫实效，真正帮助巴马这类贫困地区实现可持续发展和高质量发展。

（1）加强基础设施。基础设施依然是影响贫困地区发展的首要“短板”。目前，巴马还没有一条联系外部的铁路，现有的二级公路也只是“三等”；部分景区路窄弯多，存在行车安全隐患；景区景点设施滞后，接待功能不足；整个县城内无一处较大停车场。下一步需要整合各方资源，特别是争取国家层面的支持，提高基层设施水平，加快开工建设巴马国际机场，尽快将巴马纳入国家铁路和公路重大路网建设。

（2）更新产品形态。目前，巴马还是以观光旅游为主体，人均消费低，附加值不高。许多景区除了门票收入，没什么二次消费；一些农家旅馆，除了住宿，既没有白天参与项目，也没有夜间娱乐和消夜等活动。目前巴马的游客主要是两种：一种是自驾游的年轻人，大多看完旅游景区，就开车去别的地方；另一种是虽然长住，但消费意愿很低的老年人，许多“候鸟人”一个月连吃带住加上康养，花费甚至不到2000元。未来需要改变巴马旅游业“旺丁不旺财”的格局，引导巴马实现文化旅游产品的转型升级，要实现从追求游客数量向追求游客花费的高质量发展。

（3）保护环境风貌。尽管广西通过立法的形式出台了《巴马盘阳河流域生态环境保护条例》，巴马也通过“河长制”、巡河、查河等方式开展生态督察，但是大量“候鸟人”以及游客带来的垃圾和污染压力依然很大。此外，由于缺少规划，许多传统民居在发展过程中被拆掉，一些景观较好区域私搭乱建问题层出不穷，以旅游业为支柱产业的甲篆镇，镇区脏乱差情况比较突出，整体风貌也与周边美景形成很大的“违和感”。巴马最重要的资源是生态资源，因此需要各级政府加大力度，坚决保护好巴马的环境，可以在巴马探索一系列生态旅游发展的模式，促进巴马文化旅游率先实现绿色发展。同时，建议文化和旅游部在职能范围内，督促贫困地区在发展文化旅游业中强化可持续发展意识，支持贫困地区建设生态旅游示范区；在推动巴马等贫困地区创建全域旅游示范区、文化生态保护区、文化产业示范区以及A级旅游景区、旅游度假区等过程中，加强其对文化保护、生态保护等方面的监督和指导，让更多贫困地区的绿水青山变成金山银山。

（4）挖掘文化内涵。巴马是瑶族聚集区，同时还有壮族等众多少数民族，但是在文化旅游发展中，巴马将主要注意力放到长寿文化上，对传统民族民俗文化资源重视不够。除了常态的民族节庆以外，其他民族歌舞、民族手工艺以及民族餐饮等文化资源都利用得不太充分，这也使得巴马文化旅游业内容比较单一，竞争力不强。此外，无论是巴马县城还是乡村，都几乎看不到具有少数民族文化元素的建筑，“千城一面，千村一面”问题突出。下一步需要把文化内涵提升作为巴马旅游业发展的重要内容。

建议文化和旅游部加大对巴马文化和旅游公共服务的投入，支持其在文化和旅游公共服务融合方面创新发展；同时组织文化和旅游方面的专业力量，在文化创意商品设计、传统村落开发、旅游表演节目创作和提升等方面予以支持。

（5）加大投资力度。虽然通过对口支援等方式，巴马签约引进了一些投资商，但实际到位资金并不多，加之由于主客观原因，投资增速开始放缓，2019年上半年，其固定资产投资同比仅增长11.7%。此外，真正投入文化旅游项目的资金并不多，一些投资商名义是投资文化旅游业，但实际是借此拿地开发房地产项目，目前巴马养老资源丰富的楼盘均价已经超过1万元/平方米，部分楼盘甚至接近2万元/平方米。下一步需要争取各级政府加大对巴马基础设施的投入力度；与此同时，在贫困地区内生动力没有完全建立起来的情况下，还需要持续加强外部资源的导入，特别是市场力量的引进。像西藏林芝鲁朗因为引进保利集团、恒大集团、珠江投资股份有限公司进行旅游扶贫投资，迅速形成了高水准的旅游供给能力；而万达集团在贵州黔东南州投资的丹寨文化旅游小镇，也已经成为黔东南重要的旅游目的地。建议调动更多文化旅游企业的投资积极性，激励其更好地发挥其在贫困地区扶贫中的突出作用。

（6）强化人才保障。人才是制约巴马持续发展的重要问题。2018年，巴马专门出台奖补政策引进人才，其中规定引进博士生每月发放生活补贴6000元，每人提供三房一厅的住房；硕士生每月发放生活补贴4000元，每人提供两房一厅的住房。但截至2019年，巴马没有引进到一位博士；而引进到不多的几个硕士，工作不久，就有人辞职离开。尽管目前国家向巴马派驻了大量干部参与扶贫，但仍然不能从根本上解决人才短缺；未来，随着脱贫攻坚工作告一段落，挂职干部离开，巴马人才问题会变得更加突出。建议文化和旅游部帮助巴马制定并共同实施文化旅游人才发展规划；支持2014年成立的巴马国际养生旅游学校发展成为高等旅游职业学校，同时鼓励国内知名旅游高等职业学校对口支援其人才培养。

（7）增强政策集成。相较于贫困地区的需求，目前政策依然存在不配套的问题。除财政、土地等政策支持有待加强之外，一些刚性的政策也给贫困地区文化旅游发展造成了障碍。比如，贫困地区的景区门票依然是主要的旅游收入来源，同时也是吸引外来投资商的重要因素，如果“一刀切”的执行旅游景区门票降价政策，虽然可以增加国民福利，但却可能伤害贫困地区文化旅游业发展。特别是在巴马，其主要客源是老年人，如果严格执行65岁以上老年人免门票政策，无疑将大大打击旅游景区开发商的积极性。由于目前文化旅游扶贫政策不集中、针对性不强的问题比较普遍，建议在中央和国务院支持下，由文化和旅游部门牵头，整合并优化各部门政策，争取在文化旅游资源富集的贫困地区出台特殊政策，不断强化文化旅游业的产业带动作用。早在 2001 年《国务院关于进一步加快旅游业发展的通知》，就提出要规划建设一批旅游扶贫试验区，但在实际工作中，并没有真正得到实施。在新时期脱贫攻坚战略下，可以考虑启动文化和旅游扶贫试验区这一工作载体。与此同时，也可以考虑组织经济发达地区文化和旅游部门，通过帮助宣传促销及导入客流等方式，拓宽贫困地区文化旅游市场渠道。

（8）促进持续增收。由于产业和业态更新不够等原因，巴马一些传统旅游景区对游客的吸引力开始下降。在一些传统的乡村旅游区，也不同程度存在经营收入下滑的情况。以旅游扶贫明星村坡纳屯民宿为例，过去由于经营形势较好，很多外来企业争相来承包经营，承包商有利润，每户村民一年也可以挣 2 万 ~3 万元；而随着经济下滑，外来企业退出，改由每户村民自己经营，收入也因此减少很多。未来，要把巴马等贫困地区居民持续增收作为后脱贫时代文化旅游发展的重点，真正围绕“人”的问题来开展文化旅游扶贫以及富民工作，进而实现巴马高质量的发展。